1. Auflage 2014

© 2014 Conbook Medien GmbH, Meerbusch
Alle Rechte vorbehalten.

www.conbook-verlag.de
www.heimatbuch.de

In der Reihe »Heimatbuch« bisher ebenfalls erschienen:

Berlin	Murat Topal	ISBN 978-3-934918-84-9
Eifel	Hubert vom Venn	ISBN 978-3-934918-95-5
Franken	Mia Pittroff	ISBN 978-3-943176-00-1
Hamburg	Tania Kibermanis	ISBN 978-3-943176-19-3
München	Sarah Hakenberg	ISBN 978-3-934918-91-7
Ostfriesland	I. Lienemann, K. Jakob	ISBN 978-3-934918-87-0
Rheinland	Christian Bartel	ISBN 978-3-934918-89-4
Ruhrgebiet	Frank Klötgen	ISBN 978-3-943176-40-7
Saarland	Detlev Schönauer	ISBN 978-3-934918-94-8
Schwabenland	Holger Hommel	ISBN 978-3-934918-90-0
Schweiz	Renato Kaiser	ISBN 978-3-943176-35-3
Sylt	Eva Ehley	ISBN 978-3-943176-01-8
Tirol	Ludwig Wolfgang Müller	ISBN 978-3-934918-97-9
Westfalen	Mischa-Sarim Vérollet	ISBN 978-3-934918-93-1
Wien	Buchgraber & Brandl	ISBN 978-3-934918-88-7

Projektleitung und Lektorat: Stephan Ditschke
Einbandgestaltung und Satz: David Janik unter Verwendung von Lizenzmaterial
© istockphoto.com/RicoK69 und © istockphoto.com/Faultier
Druck und Verarbeitung: CPI – Ebner & Spiegel GmbH, Ulm

Printed in Germany

ISBN 978-3-943176-29-2

Inhalt

Die Anfahrt 15

Der Auftrag 20

Mecklenburg-Vorpommern in Zahlen 28

Schimmel und Schüsse 29
Tag 1: Schloss Wiligrad und Bad Kleinen

Ganz kleines Wörterbuch 36

Zwischen Pest und Karstadt 38
Tag 2: Hansestadt Wismar

Tiefschlaf und Flachwasser 46
Tag 3: Hohen Wieschendorf, Poel und das Salzhaff

Wellness mit Fischbrötchen 53
Tag 4: Rerik und Bastorf

Was ist Anarchie? 60
Tag 5: Kühlungsborn und Heiligendamm

**Bekannte Persönlichkeiten aus
MeckPomm in Stichworten** 68

Lokomotiven und Sanddorntorten 70
Tag 6: Bad Doberan

Blücher, Goethe und der Akkordeon-Opa 79
Tag 7: Rostock

Windbeutel im Delirium 89
Tag 8: Warnemünde und die Rostocker Heide

Kulinarische Spezialitäten **96**

Kranke Dichter, steile Küsten 97
Tag 9: Graal-Müritz und Fischland-Darß

Vegane Würstchen im Künstlerort 105
Tag 10: Ahrenshoop und Prerow

Der Untergang 113
Tag 11: Die Sundischen Wiesen und Barth

**Großveranstaltungen, die man nicht verpassen
möchte** **122**

Wahrheiten im Tiefflug 127
Tag 12: Schlösser und Gutshäuser in Vorpommern

Theorien und Lustspiele von Putbus bis Lobbe . . . 136
Tag 13: Rügen zum Ersten

Kraft durch Kreide – Prora, Sassnitz, weiße Felsen . 143
Tag 14: Rügen zum Zweiten

Sport in MV **152**

Kutschen, Schätze, blaue Scheunen 155
Tag 15: Hiddensee

**Ein sauteures Ozeaneum und
ein schweineteurer Besuch** 162
Tag 16 (vormittags): Hansestadt Stralsund

Querdenker mit Selbstzweifeln 166
Tag 16 (nachmittags): Hansestadt Greifswald

Rotz und Kühlwasser 172
Tag 17: Riems, Lubmin und Peenemünde

Stehroller und Flugpioniere 179
Tag 18: Usedom und Anklam

Land der Spaßbäder **187**

Region des Anti-Burnouts 188
Tag 19: Ostmecklenburg

Dichter, Hexen, Archäologen 197
Tag 20: Neubrandenburg, Stavenhagen,
Penzlin und Ankershagen

Künstler, Kaiser, Königinnen 208
Tag 21: Feldberg, Carwitz und Neustrelitz

Literatur in Mecklenburg-Vorpommern **218**

Atomraketen im Naturparadies **221**
Tag 22: Mecklenburgische Seenplatte

**Potemkinsche Weihnachtsmärkte und
feudale Fake-Profile** **229**
Tag 23: Güstrow und Ludwigslust

Showdown im Stalinbau **239**
Tag 24: Schwerin

Abfahrt Dummerstorf **250**

* * *

Orte **252**
Personen **254**

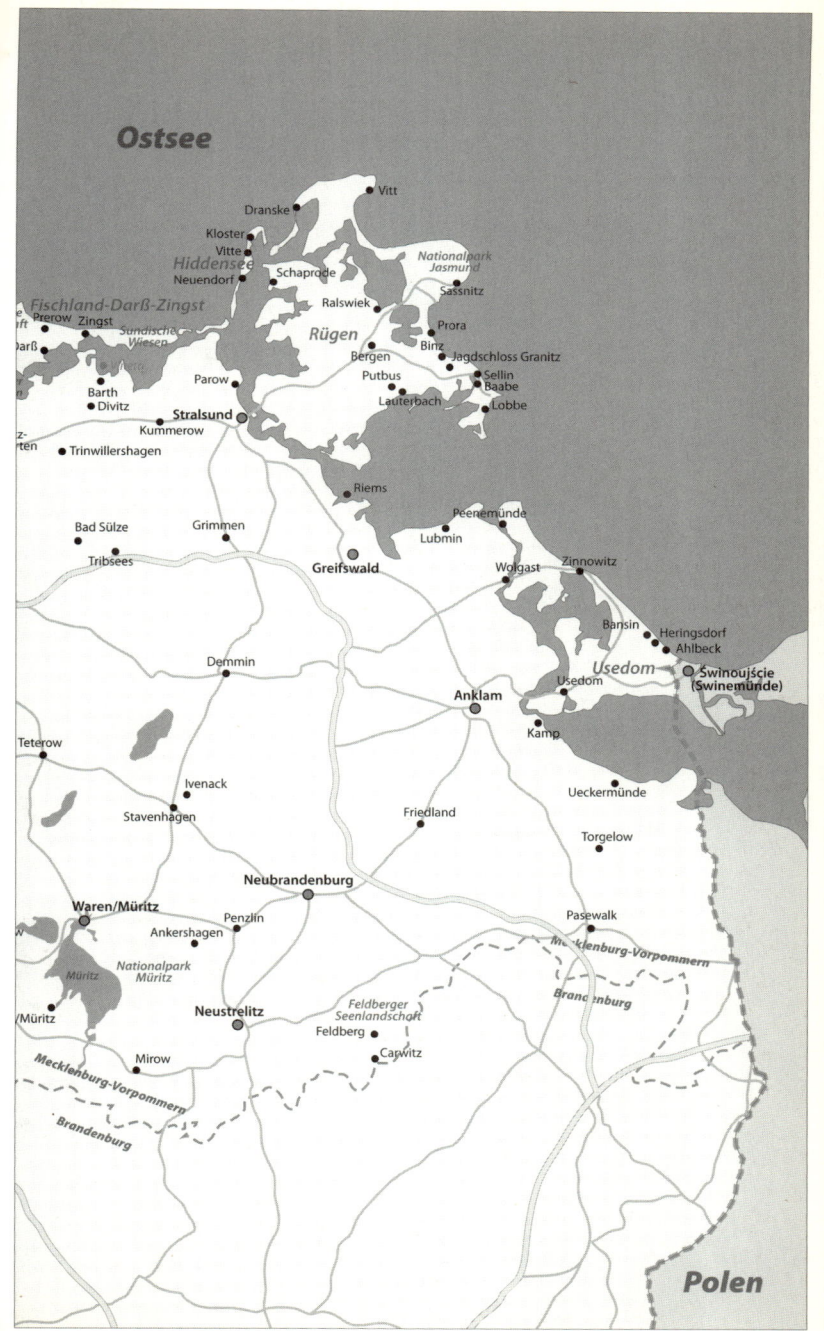

Die Anfahrt

W ir treffen uns am Gedenkstein!«, hatte Herr
Schmidt[1] am Telefon gesagt. Der Abteilungsleiter im Ministerium für Wirtschaft, Bau und Tourismus
des Landes Mecklenburg-Vorpommern bestand darauf,
das erste Gespräch nicht in seinen Schweriner Diensträu-
men zu führen. Dort sei es viel zu steril. Bei diesem Projekt müsse es hingegen »menscheln« und »lokalkoloriten«.
Ich hatte entgegnet, dass ich interessiert an dem »Projekt«
sei, obwohl ich glaube, dass das Wort »lokalkoloriten« gar
nicht existiere. Auch wenn es ein wenig an die slawischen
Besiedler Mecklenburgs, die Abodriten, erinnern würde.
Das hielt Herr Schmidt offensichtlich für eine Pointe.
Glücklich erwiderte er: »Sehen Sie, Herr Dietrich,[2] und
genau deshalb habe ich bei der neuen Image-Kampagne an
Sie gedacht!« Und nun stehe ich mit meinem Auto inmit-
ten eines gigantischen Rapsfeldes und weiß nicht weiter.

---

1   Name geändert.
2   Name beibehalten.

Aber ich bleibe dabei: In einem Bundesland, das den Ruf hat, alle 50 Jahre mal eine neue Straße einzuweihen, bezahle ich doch nicht jedes Jahr 69,90 Euro für die Aktualisierung der Software meines Navigationsgeräts! Leider stimmt der Ruf nicht. In Wirklichkeit werden hier ständig Straßen und Autobahnzubringer gebaut. Irgendwo muss der Solidarzuschlag ja hin. Das hat aber nicht nur positive Folgen. Wenn die Bewohner dieser Region ihren Kindern nämlich einmal zeigen möchten, wie Häuser, Straßen und Infrastruktur zu DDR-Zeiten ausgesehen haben, dann müssen sie dafür immer extra ins Ruhrgebiet fahren.

Ich aber stecke im Rapsfeld, denn eigentlich hätte hier eine praktische Abkürzung entlangführen müssen. Über mir der blaue Himmel. Um mich herum ein gelbes Blütenmeer. Hinter mir ein überfahrener Nandu. In sein weißes Gefieder mischt sich langsam etwas Blut. Blau, gelb, weiß, rot – wie die Flaggenfarben Mecklenburg-Vorpommerns. Das fängt ja gut an!

Immerhin weiß ich nun, wo ich ungefähr bin: ganz im Westen, an der Grenze zu Schleswig-Holstein. Im Jahr 2000 sind drei Paare dieser großen straußenartigen Vögel aus dem Gehege eines Lübecker Züchters entkommen und nach Westmecklenburg geflohen. Hier konnten sich die Nandus ausführlich auf ihre Fortpflanzung konzentrieren. Zunächst gab es noch Überlegungen, das Ausbrüten ihrer Eier und damit die Ansiedlung zu verhindern. Doch die Behörden kannten damals die Standorte der Nester nicht – und die Anwohner dachten nicht daran, sie zu verraten. So sehr man auch argumentierte, gegen die mecklenburgische Dickköpfigkeit hatte die Obrigkeit keine Chance. Es ist für jeden Spaziergänger seither ein besonderes Erlebnis, wenn sich aus dem hochgewachsenen Getreidefeld plötzlich ein großer kahler Vogelkopf emporreckt. Inzwischen sind die Nandus willkommen und es leben hier über 100 Exemplare in freier Wildbahn. Damit sind sie zu sogenannten Neobiota geworden – Arten, die sich durch menschlichen Einfluss außerhalb ihrer eigentlichen Heimat angesiedelt haben. In Mecklenburg-Vorpommern gilt dies zum Beispiel auch für Marderhunde (im ganzen Land), Waschbären (Müritz-Region) und Beamte im höheren Dienst (Schwerin).

Apropos: Herr Schmidt wartet mit Sicherheit schon. Leider kann ich ihn nicht anrufen, denn Mecklenburg-Vorpommern ist das Land der Callcenter und Funklöcher. Ich versuche, mit meinem Handytaschenrechner zu kalkulieren, wie viel Kubikmeter Erde ich bewegen müsste, um dem Nandu ein ehrenvolles Begräbnis zu verschaffen. Das gehört sich eigentlich so, zumal ich ausgerechnet einen der beiden berühmten Albino-Nandus erwischt habe. Er war selbst allerdings nicht ganz unschuldig, denn ich kam eindeutig von rechts. Und ich war außerdem durch ein intensives Wortgefecht mit meinem Navigationsgerät abgelenkt.

Als ich mich mangels Zeit und Schaufel gerade für eine modernere Beerdigungsform, die sogenannte Oberflächenbestattung, entscheiden will, höre ich plötzlich ein sanftes Stöhnen. Ich kann es nicht gewesen sein, denn ich jammere nie. Der weiße Nandu. Er lebt! Doch was soll ich nun tun? Ich kann in diesem Tal der fehlenden Funkmasten weder den Tierarzt anrufen noch eine Erste-Hilfe-App für flugunfähige Riesenvögel herunterladen. Und bis ich einen Veterinär mit meinem Auto hierhergeholt habe, ist es vielleicht schon zu spät. Außerdem liegt der Nandu ja noch mitten auf der Straße. Ich bin mir zwar nicht ganz sicher, aber ein zweites Mal überfahren zu werden, würde er vermutlich nicht überleben.

Es nützt alles nichts – ich öffne die Heckklappe meines Kombis, nehme meinen Mut zusammen und hebe den Vogel ins Auto. Er wehrt sich nicht, sodass ich ihn langsam in die stabile Seitenlage bringen kann. Nur in seinem Blick glaube ich, einen stummen Vorwurf lesen zu können. Aber womöglich habe ich mich da auch geirrt. Man darf eines nie vergessen: Diese großen, stolzen Tiere sind natürlich wahnsinnig dumm. Wahrscheinlich weiß er gar nicht, was gerade mit ihm passiert.

Von dem Feld bis nach **Dorf Mecklenburg**, meinem eigentlichen Ziel, sind es noch etwa 50 Kilometer. Dort gibt es sogar einen Tierarzt, verrät mir das Navi. Nun habe ich die Situation wieder im Griff! Der Nandu scheint sich auch langsam zu erholen. Ein fröhlich genesender 1,20 Meter großer Vogel im Kofferraum macht die Fahrt allerdings nicht unbedingt entspannter. Unter lautem kehligem Geknörke versucht er, irgendwie aufzustehen. Minutenlang übt sich der große Federbusch dazu in Breakdance ähnlichen Verrenkungen. Plötzlich schießt der Nandukopf an meiner rechten Schulter vorbei in Richtung Rückspiegel und verschlingt das Kiefernholz-Duftbäumchen. Den Rest der Fahrt über hackt der Vogel nach meiner Hand, sobald ich den Schaltknüppel auch nur berühre. Irgendwann erreiche ich die Tierarztpraxis in Dorf

Mecklenburg, einem Ort mit etwa 3.000 Einwohnern und zwei Gewerbegebieten, schließlich doch noch. Aus dem Motorraum quillt Rauch. Die Autos von heute sind offensichtlich nicht dafür gemacht, mit ihnen im zweiten Gang über die Autobahn zu rasen. Der Doc erklärt mir, dass der Nandu vermutlich nur eine oberflächliche Verletzung und einen Schock erlitten habe. Genaueres könne er aber erst nach der Obduktion sagen. Ich schaue ihn entgeistert an. Doch er lacht gutmütig und sagt: »Daraus müssten Sie mal was auf der Bühne machen!«

Ach ja, der trockene Humor der Mecklenburger. Oft merkt man hier erst nach Tagen, dass man einem Scherz aufgesessen ist. Nun muss ich aber wirklich weiter. Die tierärztliche Ulknudel erklärt mir noch, wo ich diesen ominösen Gedenkstein finde. Der Stein, so erfahre ich, erinnert an eine Burg der slawischen Abodriten aus dem 5. Jahrhundert. Der Burgname Mikelenburg wurde später zu »Mecklenburg« und gab der einen Hälfte dieses Bundeslandes seinen Namen. Also darum will Herr Schmidt mich hier treffen! Er möchte diese Ursprungssymbolik auch auf den Beginn unserer Zusammenarbeit übertragen. Vielleicht ein bisschen sehr aufgesetzt. Aber spleenmäßig noch im Rahmen.

Herr Schmidt! Den habe ich immer noch nicht angerufen, und inzwischen bin ich schon mehrere Stunden zu spät. Als ich den Gedenkstein endlich finde, ist es bereits dunkel geworden. Die typische Abendkälte zieht über das Land. Ich sehe einen breiten Kreis ausgetretener Zigarettenkippen. Und in seiner Mitte: Herrn Schmidt vom Ministerium.

Der Auftrag

Herr Schmidt ist völlig durchgefroren. Und ich glaube, er hat auch ein bisschen geweint. Als er sich etwas gefangen hat, sagt er: »Schön, dass wir uns endlich auch mal persönlich kennenlernen, Herr Dietrich. Und der Ort passt für den Anfang unserer Zusammenarbeit wunderbar, denn in gewisser Weise repräsentiert dieser Gedenkstein ...« Ich unterbreche ihn und sage, dass ich die Bedeutung dieser längst zerstörten Burg bereits kenne. Herr Schmidt bemüht sich tapfer, seine Enttäuschung zu verbergen. Als kleine Entschädigung lade ich ihn in der alten, vorbildlich sanierten Mühle des Dorfes, die nun – wie man zu DDR-Zeiten sagte – als gastronomische Speisegaststätte genutzt wird, zu einer typisch mecklenburgischen Restaurantspezialität ein: Schweinesteak mit Pommes und Champignonsauce aus der Dose sowie raumgreifender Krautsalatgarnitur, damit der Teller schön voll aussieht. Das von mir angekündigte Traditionsmenü gibt es jedoch nicht, sondern saisonale Küche und Wildspezialitäten. Wer's mag.

Herr Schmidt hat offenbar schon länger nichts gegessen. Er haut ordentlich rein. Zwischendurch bemüht er sich, mir sein Anliegen zu erklären. Das Ministerium für Wirtschaft, Bau und Tourismus möchte eine neue Imagekampagne für das Land initiieren und wünscht sich dafür einen originellen Slogan. »Gern auch ein bisschen bissig«, sagt er. »Der darf ruhig etwas provozieren und zugleich zum Schmunzeln und Nachdenken anregen, Herr Dietrich, so wie gutes Kabarett.[3] Ich gucke ja gern diesen Schramm. Wie der das auf den Punkt bringt. Oder Loriot damals. ›Das Bild hängt schief!‹ Waren Sie eigentlich auch schon mal im Fernsehen?«

Ich frage ihn, warum er dafür keine professionellen und erfahrenen PR-Demagogen beauftragt wie sonst immer. Mit dieser Frage hat er natürlich gerechnet. Das Ministerium wolle einmal jemanden engagieren, der sich schon länger humorvoll mit Mecklenburg-Vorpommern beschäftigt. Das sei einfach mal ein völlig neuer, unkonventioneller Ansatz. Auf jeden Fall solle es ein freischaffender Künstler sein, denn das Budget sei extrem gering. »Und warum fragen Sie ausgerechnet mich?«, hake ich knallhart nach. Da lächelt der Herr Schmidt und erklärt mit schmeichelnder Stimme: »Aber Herr Dietrich! Kabarett Dietrich & Raab! Warum ausgerechnet Sie? Na, nun stellen Sie Ihr Licht mal nicht unter den Scheffel! Wenn man ›Kabarett‹ und ›Mecklenburg-Vorpommern‹ googelt, dann sind Sie doch schon der zweite Eintrag!« Aha. Er hat also recherchiert.

---

3   Er sagt natürlich »Cabaret«.

Selten stand ich einer Idee skeptischer gegenüber. Eine »originelle« Werbekampagne für Mecklenburg-Vorpommern hat es hier in den 90er-Jahren schon einmal gegeben. Damals warb das Land in großformatigen Anzeigen mit dem Slogan »Blond, blauäugig, blöd«. Das provozierte natürlich den Protest der Einwohner, denn die meisten Menschen in Mecklenburg-Vorpommern sind ja gar nicht blauäugig.

Die eigentliche Ironie der Anzeige ergab sich aus dem Zusammenhang mit dem dazugehörigen Foto: Es zeigte »Jule« – eine dunkelhäutige Studentin aus Vorpommern. Darunter der Satz: »Und überhaupt ist bei uns manches anders, als man denkt.« Vorurteile durch Vorurteile konterkarieren: Pfiffig! Die Mehrheit dachte allerdings eher: Peinlich! Woran lag's? Die Werber hatten versucht, Klischees zu entlarven, die es so gar nicht gab. Mit den Bewohnern Mecklenburg-Vorpommerns wurde in den 1990er-Jahren nicht unbedingt attraktiv-harmlose Einfältigkeit assoziiert. Passender hätte damals mancher von außerhalb gefunden: »Arm, arbeitslos, ausländerfeindlich.« Dann hätte die Bildunterschrift allerdings auch lauten müssen: »Und überhaupt ist bei uns vieles genauso, wie man denkt.« Das wäre natürlich dem unauffälligeren, netten und auch größten Teil der Bevölkerung gegenüber unfair gewesen.

In der zweiten Anzeigenwelle wurde es dann noch skurriler. Der Slogan: »Hier klopft der Specht«. Darunter ein junges Paar an einem Baum. Dazu die Bildunterschrift: »Und das ist nicht das einzige, was Grit und Jan stört. Am Busen der Natur, im Nationalpark Müritz, nur eine Stunde von Berlin.« Die Welt rätselte, was damit nun wieder gemeint sein sollte. Die Werber wollten vermutlich einen psychologischen Trick anwenden: Die Leute sollten die positive Botschaft nicht einfach vorgesagt bekommen, sondern sich selbst erarbeiten. Sie sollten denken: »Wieso? Spechtklopfen ist doch voll schön. Wenn das das Schlimmste ist, was in diesem Naturparadies stört, dann aber sofort meinen Jahresurlaub dort gebucht!« Soll keiner sagen, in MeckPomm könnten die kreativen Köpfe nicht dreimal um die Ecke denken. Leider dachten die Leser dieser Anzeige damals nur: Wenn Grit und Jan das Spechtklopfen so stört, dann sollen sich die Weicheier eben nicht an den Baum lehnen und am besten gleich bleiben, wo der Pfeffer wächst. Und nicht am Busen der Natur, im Nationalpark Müritz, nur eine Stunde von Berlin. Der Hinweis auf die Hauptstadt ist übrigens typisch für das hiesige Understatement: Man wirbt nicht mit eigenen Qualitäten, sondern damit, von etwas anderem nicht weit entfernt zu sein.

Die Kampagne entwickelte sich natürlich zum PR-Gau, auch wenn der damalige PR-Gau-Leiter, der Chef der Schweriner Staatskanzlei, das ganz anders sah – der spätere Bundesminister Thomas de Maizière. Vergleichbar ist dieses Desaster nur mit der berühmt gewordenen Kampagne der CDU bei der Landtagswahl 2011 in Mecklenburg-Vorpommern: Spitzenkandidat und Innenminister Lorenz Caffier warb auf seinem Plakat mit dem Spruch »C wie Zukunft«. Das spielte natürlich auf das »C« in »Caffier« und »CDU« an. Doch die Idee ging nach hinten los: Ein junger Mann aus Niedersachsen sicherte sich die Internetadresse www.c-wie.de, wo jeder lustige Verballhornungen des Slogans posten konnte. Mit »C wie Leder«, »C wie Belsuppe«, »C wie zu doof« und Tausenden weiterer Varianten wurde Caffier bundesweit berühmt.

Nach der Blond-blauäugig-blöd-Geschichte entschied man sich im Jahr 2004 für eine unverfängliche Kampagne. Seitdem heißt es überall: »MV tut gut.« Kurz, prägnant und an Arschlosigkeit nicht zu überbieten. Leider verbinden die wenigsten Menschen außerhalb des Bundeslandes das Kürzel' »MV« mit Mecklenburg-Vorpommern. Das haben Umfragen gezeigt. In Baden-Württemberg zum Beispiel steht »MV« in erster Linie für den ehemaligen Finanzminister und DFB-Chef Gerhard Mayer-Vorfelder. Und ob der so gut tut, ist zumindest fraglich. Doch immerhin erinnert dieser Slogan an den großen abendländischen Philosophen Udo Jürgens, der einst sang: »Tu' alles, was gut tut, gut tut, gut tut. / Denn alles, was gut tut, tut gut, tut gut.« Manche Kritiker halten diese Textpassage allerdings für einen logischen Zirkelschluss. Dabei ist es ja ganz offenkundig nur eine Hommage an den Song *Mein Tuut-Tuut* der Gruppe Leinemann aus dem Jahr 1985, der wiederum ... aber das würde zu weit führen.

Landesmarketing ist natürlich immer schwierig. Hessen hat den Slogan »An Hessen führt kein Weg vorbei«. Es ist praktisch unmöglich, dabei kein »leider« mitzudenken. Das Bundesland Sachsen-Anhalt wirbt mit dem Spruch »Land der Frühaufsteher«, weil die Einwohner dort statistisch als Erste aus den Betten steigen. Und das tun sie immerhin, obwohl die meisten Menschen dort gar keinen Grund zum Aufstehen haben.

Richtig berühmt geworden ist dafür die Kampagne Baden-Württembergs: »Wir können alles. Außer Hochdeutsch.« Schon früh haben wir als Kabarett vorgeschlagen, von diesem Erfolg zu profitieren und das MV-Marketing unter das Motto »Und bei uns ist es genau umgekehrt!« zu stellen. Das wurde allerdings abgelehnt. Nun scheinen sie es also langsam zu bereuen. Ebenso wie Sachsen, dem der BaWü-Slogan von der Werbefirma seinerzeit zuerst angeboten wurde.

Apropos: Ich bin mit meinen Gedanken wohl etwas abgeschweift. Hoffentlich hat sich Herr Schmidt in der Zwischenzeit nicht gelangweilt! Ich sehe auf die Uhr und bemerke, dass erst fünf Minuten vergangen sind und Herr Schmidt noch gar nicht von der Toilette zurückgekehrt ist, zu der er kurz vor Beginn meiner gedanklichen Ausführungen zum modernen Bundeslandmarketing geeilt war. Mensch, denke ich, das Verhältnis von Erzählzeit zu erzählter Zeit hält manch kuriose Überraschung bereit.

Bevor er wieder da ist, überlege ich noch schnell zu Ende. Ein Kabarettist sollte sich eigentlich nicht für die Kampagne einer Landesregierung einbinden lassen. Vor einiger Zeit hatte einmal eine Pharmafirma anfragen lassen, ob wir als Kabarettduo für sie witzige Schulungsvideos produzieren könnten. Diese sollten den Mitarbeitern helfen, schlagfertig auf die vielen ungerechten Vorwürfe zu reagieren, denen Pharmakonzerne aus unerfindlichen Gründen immer wieder ausgesetzt sind. Das lehnten wir noch vor dem Honorarangebot ganz schnell ab, um nicht in Versuchung zu geraten. Auf Firmenveranstaltungen treten wir hingegen durchaus auf. Die Weihnachtsfeier einer Versicherungsgesellschaft steht zwar meist nicht auf der Top Ten der weltgeilsten Auftrittserlebnisse, aber sie wird ausgesprochen gut bezahlt – von Kollegen gern »Schmerzensgeld« genannt.

Dass wir uns dabei nicht in die Texte hineinreden lassen, kann mitunter zu Problemen führen. Ende des Jahres 2010 wurde zum Beispiel der Inhaber der hochklassigen Yachthafenresidenz Hohe Düne in Rostock wegen des Verdachts auf Fördermittelbetrug in Millionenhöhe verhaftet und nach einiger Zeit wieder auf freien Fuß gesetzt, weil man keine Fluchtgefahr sah. Einige Zeit später sollten wir dort im Rahmen des 5. Nordkongresses der Urologie spielen (ja, das stimmt wirklich). Irgendwie hatte die Hotelleitung mitbekommen, dass wir folgende Bemerkungen einflechten wollten: »Aber auch in der Finanzkrise gab es sehr erfolgreiche Unternehmer in MeckPomm! Und die meisten sind sogar schon wieder aus der U-Haft entlassen.« Es folgte eine einstündige Diskussion mit dem Management über die Zulässigkeit dieser beiden Sätze. Seither wurden wir nie wieder für einen Auftritt dort angefragt. Drohte ein solcher Eklat bei einem Ministerium nicht erst recht?

»Könnten Sie sich das vorstellen, Herr Dietrich?« Oh, Herr Schmidt hat offenbar gerade die geschäftlichen Modalitäten erläutert. Ich kann es mir nicht vorstellen. Aber ich sage trotzdem zu, denn ich habe meine Gründe. Schon am Telefon habe ich Herrn Schmidt erklärt, dass ich mir so etwas nicht am Schreibtisch ausdenken könne. Dafür bräuchte ich Kontakt zu Land und Leuten. Für die Suche nach dem richtigen Slogan, sagte ich, wolle ich daher eine Rundreise durch Mecklenburg-Vorpommern unternehmen und mich vom Land inspirieren zu lassen. Dabei dürften natürlich die vielen Schlösser und Gutshäuser nicht fehlen, die nicht selten in den unscheinbarsten Dörfern stehen und häufig kaum bekannt sind. Herr Schmidt wunderte sich ein wenig: »Die brauchen Sie für Ihre Inspiration?« Wahrscheinlich nicht. Aber diese Gelegenheit musste ich trotzdem nutzen, also entgegnete ich: »Herr Schmidt, diese Entscheidung müssen Sie nun wirklich mir überlassen, sonst wird das nichts mit uns beiden.« Daraufhin erbat er sich zunächst Bedenkzeit, nun willigt er ein. »Ich habe übrigens noch eine Überraschung für Sie«, sagt er beim Verdauungsdoppelkorn stolz und geheimnisvoll zugleich, »ich habe Ihnen einen erfahrenen einheimischen Reiseführer besorgt, der sie auf ihrer Reise begleiten wird.« Damit habe ich nicht gerechnet. Für eine Sekunde bin ich verwirrt – und verpasse damit meine letzte Chance zum Widerspruch. Und es gibt noch ein Problem: Das Ministerium ist in Verzug, die Zeit für die Kampagne drängt. Ich habe genau 24 Tage.

»24, Herr Dietrich«, mahnt der Abteilungsleiter, »und zwar in Echtzeit.« Dann lacht er laut auf. »Verstehen Sie? Wie in dieser Serie, wie hieß die noch?«

»24«, sage ich.

»Genau, daraus müssten Sie mal was auf der Bühne machen!«

Mecklenburg-Vorpommern in Zahlen

Einwohner:	1,6 Millionen (Tendenz: fallend)
Schulden:	11,7 Milliarden Euro (Tendenz: fallend)
Fläche:	23.180 km^2 (Tendenz: gleichbleibend)
Landeshauptstadt:	Schwerin (91.000 Einwohner)
Größte Stadt:	Rostock (203.000 Einwohner)
Kleinste Gemeinde:	Voigtsdorf (110 Einwohner)
Längster Fluss:	Elde (208 km)
Höchster »Berg«:	Helpter Berg (179 m)
Größter See:	Müritz (109 km^2)
Lebenserwartung:	82,3 Jahre (Tendenz: geht so)

Schimmel und Schüsse

Tag 1: Schloss Wiligrad und Bad Kleinen

Die Mühle in Dorf Mecklenburg ist auch ein Hotel. Ich kann also gleich hier übernachten. Am nächsten Morgen um sieben Uhr klopft es energisch an meiner Zimmertür. Ich bereite mich auf das übliche Zimmermädchen-Ritual vor: Nach mehreren Klopfversuchen wird sich langsam die Zimmertür öffnen, ich werde verschlafen irgendetwas murmeln, das Zimmermädchen wird sich zutiefst überrascht zeigen, dass der Gast so spät noch schläft und schnell wieder gehen. Doch diesmal geht die Tür partout nicht auf. Stattdessen sagt eine ältere männliche Stimme nach einiger Zeit: »Herr Dietrich, aufstehen!« Morgens um sieben! Das ist nun wirklich ein starkes Stück! Schade, dass ich keinen Reiseführer schreibe. Sonst würde ich das Hotel darin so was von fertigmachen. Auf jeden Fall können die sich ihre romantischen Windmühlenflügel in den ... – Schon wieder diese Stimme: »Herr Dietrich!« Ich gebe auf und öffne wütend die Tür. Davor steht ein Mann, Mitte 50, etwa 1,75 Meter groß, in Cordhose und Multifunktionsjacke: »Guten Morgen Herr

Dietrich, mein Name ist Lutz Borchert. Ich soll Sie auf Ihrer Reise begleiten.«

Eigentlich habe ich jetzt schon die Nase voll. Herr Borchert und der Künstler von der traurigen Gestalt gehen in den Frühstücksraum des Windmühlen-Hotels, wo ich inmitten von Pharmavertretern und anderen Handlungsreisenden versuche, mich durch erheblichen Kaffeekonsum zu reanimieren. Als besondere Attraktion bietet das Hotel heute gegen Aufpreis Rührei aus Straußeneiern an. Ich verzichte.

Herr Borchert hat schon eine Route ausgearbeitet: Unsere erste Station soll die Landeshauptstadt Schwerin sein, die etwa 30 Kilometer südlich von Dorf Mecklenburg liegt. Ich hingegen habe ganz andere Pläne. Nach einem Abstecher zu Schloss Wiligrad möchte ich zunächst nach Bad Kleinen. Herr Borchert gibt sich überrascht: »Was wollen Sie denn ausgerechnet in Bad Kleinen?« Doch ich lasse mich nicht irritieren: »Das wissen Sie genau, Herr Borchert.«

Das **Schloss Wiligrad** ist von Dorf Mecklenburg ungefähr 20 Autominuten in Richtung Süden entfernt und befindet sich direkt am Schweriner See. Es wurde Ende des 19. Jahrhunderts für Herzog Johann Albrecht (1857–1920) gebaut, der zu dieser Zeit als Vormund für den noch pubertären Großherzog den Landesteil Mecklenburg-Schwerin regierte. Schloss Wiligrad liegt mitten im Wald und war zu DDR-Zeiten nahezu unbekannt. Weil die Volkspolizei das Anwesen als Ausbildungsstätte nutzte, konnte es nicht besichtigt werden und fehlte sogar auf den Landkarten. Mit der Wende und Google Earth war das weitere Verstecken des Gebäudes allerdings unmöglich geworden.

Ich frage Herrn Borchert, ob er damals von der Existenz des Schlosses wusste. Er antwortet: »Ja.« Und damit ist das Gespräch darüber offenbar beendet.

Seit 1991 residiert ein Kunstverein in Wiligrad. Es finden regelmäßig Ausstellungen und Kunstbörsen statt, auch im Garten und an der breiten Promenadenstraße zum Schloss stehen zahlreiche Kunstwerke. Wir essen im Café der Schlossgärtnerei ein Stück Brombeertorte und blicken schweigend auf die Rhododendren und seltenen Bäume im Garten.

In einem Bunker auf dem Gelände lagerten in den letzten 20 Jahren Tausende archäologische Fundstücke und schimmelten dort gemütlich vor sich hin. Irgendwann durften die Archäologen den Bunker nur noch mit Schutzanzug und Atemmaske betreten. Im Jahr 2011 wurde das Lager schließlich geräumt. Seitdem versucht man zu retten, was noch zu retten ist. Vor einigen Jahren sind in Mecklenburg-Vorpommern auch schon mal die ältesten Wasserfahrzeuge des Ostseeraums in finsteren Ministeriumsgaragen verrottet. Bis dahin hatten sie immerhin 7.000 Jahre im feuchten Boden überstanden. Unmittelbar vor der völligen Zerbröselung ist dann noch das Lagerdach über den Resten zusammengebrochen. Es war schon auch viel Pech dabei.

Ich schaue mich noch kurz nach Restauratoren im Schloss um, doch ich finde keine. Es kann also weitergehen. Obwohl Herr Borchert noch mehrmals versucht hat, es mir auszureden, bestehe ich auf den Ausflug nach Bad

Kleinen. Immerhin liegt es nur wenige Kilometer entfernt. Das Auto lassen wir dafür stehen, denn mit der Bahn benötigen wir vom nahegelegenen Lübstorf aus nur vier Minuten. Das kann man mal riskieren.

Fast jeder Einwohner dieses Bundeslandes war schon einmal in **Bad Kleinen**. Das liegt aber weder an der malerischen Lage am Schweriner See noch an der zweifellos vorhandenen Pittoreske des kleinen Ortes. Auch dass der Rammstein-Frontmann Till Lindemann hier aufwuchs, hat noch keine Leni-Riefenstahl-Ästhetik-begeisterte Fanhorden nach Bad Kleinen verschlagen. Der Grund ist der Bahnhof: Hier kreuzt sich die Bahnlinie, die vom Osten Europas über Vorpommern in Richtung Lübeck und Hamburg führt, mit der Nord-Süd-Trasse, die von Wismar über Schwerin nach Berlin reicht. In Bad Kleinen wird also vor allem eines: umgestiegen. Als Herr Borchert und ich mit nur 20-minütiger Verspätung in den einst stolzen und mittlerweile sehr unwirtlichen Bahnhof einfahren, mache ich, was noch immer sehr viele Reisende in Bad Kleinen tun – ich suche nach dem berühmten Gleis.

Am 27. Juni 1993 hat sich dort eine der missglücktesten Polizeiaktionen seit langer Zeit vollzogen. Wobei: Eigentlich nicht seit langer Zeit. Das letzte Desaster war noch nicht einmal ein Jahr her. Als im August 1992 die ausländerfeindlichen Pogrome in Rostock-Lichtenhagen stattfanden, zog sich die zahlenmäßig unterlegene Polizei mehrfach zurück und überließ die Unterkunft der Asylbewerber stundenlang dem brandschatzenden Pöbel. Viel zu spät wurde ausreichend Verstärkung angefordert.

Es ist aber nicht so, dass die Polizei in der Zwischenzeit nichts unternahm: Selbstverständlich verhaftete sie jede Menge Gegendemonstranten, denn neben dem Mob gab es auch Bürger, die sich offen mit den Menschen in der Unterkunft solidarisierten. Manche von ihnen stellten sich sogar schützend zwischen Haus und Nazis. Die Bilder der Angriffe gingen um die Welt. Freunde aus den USA erzählten, dass damals in amerikanischen Medien das Verb »rostocking« für rassistische Übergriffe geprägt wurde. Landes- und Bundespolitik setzten daraufhin ein ganz klares Zeichen: Die Aufnahmestelle für Asylbewerber wurde von Rostock in ein Niemandsland an der Landesgrenze verlegt. Und die Regierung Kohl verschärfte das Asylrecht. Beides gilt noch heute.

Was war nun in Bad Kleinen geschehen? Die gesuchten RAF-Terroristen Birgit Hogefeld und Wolfgang Grams saßen gemeinsam mit einem weiteren RAF-Mitglied, Klaus Steinmetz, in der Bahnhofgaststätte, um gemütlich über das Stadtguerillaleben zu schnattern. Bei Steinmetz handelte es sich allerdings um einen V-Mann des Verfassungsschutzes, der mit Peilsender und Mikrofon ausgestattet war. Diesmal standen auch genügend Polizisten bereit: Mindestens 100 Einsatzkräfte, darunter die GSG-9 und das Mobile Einsatzkommando des BKA, versteckten sich hinter Mauern und Laternenpfählen. Trotzdem ging die Sache schief. Die Festnahme von Wolfgang Grams durch die GSG-9 im Bahnhofstunnel misslang – Grams lief davon und versuchte, sich den Weg freizuschießen. Dabei traf er den Polizisten Michael Newrzella tödlich und verletzte einen weiteren. Die Polizei schoss im Feuergefecht wiederum eine Bahnangestellte und den Terroristen an, der daraufhin auf das Gleis am Bahnsteig 4 stürzte. Vermutlich beging Grams dann mit seiner Waffe Selbstmord. Eine Verkäuferin des Bahnsteigkiosks will hingegen eine Exekution durch zwei GSG-9-Beamte gesehen haben. Der darauf folgende Sumpf aus Halbwahrheiten, Vertuschungen und Pfusch kostete einen Innenminister und einen Generalbundesanwalt den Job. Aber eine Gewissheit blieb den besorgten Bürgern damals immerhin: Bei Polizei und Verfassungsschutz wird garantiert nie wieder so viel schiefgehen wie in Bad Kleinen ...

Wir blicken lange auf das berühmte Gleis. Schließlich sagt Herr Borchert: »So, und nu?« Es ist schon spät geworden. Heute fahren wir nicht mehr weiter. Herr Borchert setzt einen Ich-hab's-ja-gleich-gesagt-Blick auf und verabschiedet sich. Morgen früh wollen wir uns am Bahnhof wiedertreffen. Ich kann ihn auf acht Uhr hochhandeln. Nachdem ich mich erkundigt habe, ob das alte Gutshaus in Bad Kleinen gerade saniert wird (wird es nicht), habe ich mir einen ausgefuchsten Geheimplan für die Übernachtung ausgetüftelt. Den Tipp habe ich im Schloss Wiligrad bekommen: Mitten im Schweriner See gibt es eine kleine unbewohnte Insel, die von Einheimischen gern zum wilden Campen und Feiern genutzt wird. Ein leichtes Zelt habe ich dabei, also lasse ich mir den Weg zum Sportboothafen zeigen und leihe mir dort auf Ministeriumskosten ein kleines Boot aus. Als ich auf der **Insel Lieps** ankomme, geht die Sonne bereits unter. Ich baue das Zelt auf und verzehre mein Abendbrot vom Bahnsteigautomaten. Die letzten Sonnenstrahlen glitzern auf der Wasseroberfläche, nur das Zirpen der Grillen ist in der Stille zu hören. Ich denke über die erste Sloganidee nach, die mir dieser Tag gebracht hat: »Mecklenburg-Vorpommern – immer auf dem richtigen Gleis!« Ganz überzeugt bin ich davon noch nicht.

Ganz kleines Wörterbuch

In Mecklenburg-Vorpommern wird nicht viel geredet. Das hat historische Gründe. Wer beim Fischfang quatscht, vertreibt die Tiere. Nicht zu reden, war also eine Überlebensfrage. Natürlich gibt es auch einige wenige Ausnahmen. Heute muss man sich eigentlich nur merken: In MV redet man nicht wie in Hamburg. Hier ssstolpert niemand übern ssspitzen Ssstein. Die FDP eröffnete einmal ihren Bundesparteitag in Rostock mit dem riesigen Claim »Moin moin Rostock« – damit waren dann auch die letzten drei Wähler aus MeckPomm futsch, denn das sagt hier eigentlich kein Mensch. Inzwischen kommt das »Moin moin« allerdings über den Umweg der Jugendsprache doch im Land an.

Moorng!	Guten Morgen!
Tach!	Guten Tag!
Nabend.	Guten Abend
Nacht.	Gute Nacht.
Und?	Wie geht es Dir?
Joa.	Danke. Eigentlich geht es mir ganz gut. Klar, es könnte immer besser laufen, und Du weißt, dass es gerade bei uns in Mecklenburg-Vorpommern nicht ganz einfach ist, wirtschaftlich und bei der Partnersuche, aber im Großen und Ganzen kann ich nicht klagen.

Joa, weiß nich'.

Joa, dann.
Sag ma', bist du nicht
mehr ganz richtig
im Kopp, oder was?
Ich glaub, ich seh'
nich' richtich! Sieh
zu, dass du Land
gewinnst, aber 'n bü-
schen zackich, sonst
mach' ich dir Beine!
Hau rein!

Das muss man differenziert
betrachten.
Ich muss gehen.
Bitte benutzen Sie das nächste
Mal nicht meinen privaten
Strandzugang.

Auf Wiedersehen.

Zwischen Pest und Karstadt

Tag 2: Hansestadt Wismar

Am nächsten Morgen klopft jemand an mein Zelt. Ich kann nicht glauben, dass Herr Borchert extra auf die Insel gekommen ist, um mich zwei Stunden früher als nötig zu wecken! Wütend reiße ich den Reißverschluss des Zelteingangs herunter – und blicke in zwei große Kuhaugen. Vor Schreck schreie ich laut auf und versetze die Kuh damit derart in Panik, dass sie hektisch davongaloppiert. Ich trete heraus und erkenne das Problem: Offenbar habe ich das Zelt gestern Abend auf einer bemannten Kuhweide aufgebaut. Das kann doch gar nicht sein, denke ich, doch dann fällt mir ein, dass es auch bei anderen unbewohnten Inseln des Landes üblich ist, dort in den warmen Monaten Tiere weiden zu lassen. Am Abend haben sie wohl noch außerhalb meiner Sicht gegrast.

Von Weitem sehe ich mehrere Tiere auf mich zulaufen. Ihre Hörner blitzen in der Sonne. Es müssen also Bullen sein. Oder haben Kühe auch Hörner? Vielleicht ab einem gewissen Alter? Wenn Sie aus ihrer Fohlenphase raus sind? Ich versuche, mich an die Abbildungen auf den Milchpackungen zu erinnern. Doch der Wiederkäuermob rast immer noch in meine Richtung. In letzter Sekunde kann ich mich in mein Zelt retten. So gutmütig die Tiere aus der Entfernung wirken, kaum ein Jahr vergeht in Mecklenburg-Vorpommern ohne Schwerverletzte durch Kuhamokläufe. Hinter der Zeltwand höre ich es schnaufen. Vorsichtig öffne ich den Reißverschluss wieder ein Stück und schaue nach draußen. Zwei stattliche weiße Bullen scheinen vor dem Zelt Patrouille zu laufen. Mindestens ein weiterer schnauft noch immer von hinten. So richtig freundlich kommen sie mir nicht vor. Man könnte meinen, sie wüssten, wie ihre Kumpels aus der konventionellen Haltung in Mecklenburg-Vorpommern leben müssen. Vielleicht wollen sie mir zeigen, wie das so ist, auf engstem Raum ohne Sonnenlicht um sein Leben zu fürchten. Eigentlich dürfte das nicht sein, denn damit sich das unter den Artgenossen nicht herumspricht, lässt man niemals ein konventionell gehaltenes Rind entkommen. Auch die Menschen hier wissen von nichts, weil die riesigen Ställe so bemalt werden, dass sie wie eine Flunder – das Chamäleon der Ostsee – in der Landschaft verschwinden. Inzwischen scheint sich aber etwas zu verändern. Vor allem kleinere landwirtschaftliche Betriebe stellen auf Bioproduktion um. Oft verkaufen sie einen Teil ihrer Erzeugnisse in kleinen Hofläden selbst. Gegen neue Megaställe hingegen regt sich immer häufiger Protest, denn sie sorgen nicht nur für verpestete Luft und ein hohes Lkw-Aufkommen, sondern schaffen auch kaum Arbeitsplätze. Für Zigtausend Fabrikhühner gibt es oft nur ein bis zwei Festangestellte, die ab und zu nach dem Rechten sehen.

Vor meinem Zelt höre ich das Scharren der Hufe. Diesmal könnte ich googeln, was man in so einem Fall tun muss. Irgendwer hat doch zu jeder Frage irgendwann mal was in irgendein merkwürdiges Internetforum geschrieben. Und auf Lieps habe ich sogar Netzempfang – mit GPRS-Geschwindigkeit. Wer sich nicht so auskennt: GPRS ist sehr, sehr langsam. Wenn man Jan Ullrich in seinen besten Zeiten, im Vollbesitz aller Eigenbluttransfusionen, gegen eine Dame weit jenseits des demografischen Wandels mit Bandscheibenvorfall in einem Radrennen antreten ließe, dann wäre Jan Ullrich HSDPA und die Dame wäre EDGE. GPRS wäre in diesem Rennen der verstorbene Ehemann der Dame, der vielleicht in einer sehr fernen Zukunft aus Hochwasserschutzgründen umgebettet werden muss und sich deshalb noch einmal bewegt. Kurzum: Nach einer Dreiviertelstunde hat sich Google immer noch nicht geöffnet. Doch auch das Schnaufen ist weg. Während der meditativen Nu-mach-schon-Mantras vor meinem Handy ist mir das entgangen. Behutsam krieche ich aus dem Zelt. Die Herde bewegt sich aufs andere Ende der Insel zu. Offenbar hat eine Gruppe Jugendlicher dort gerade ihren Grill angeschmissen, und die aggressiven Tiere wollen angesichts der Steaks etwas Trauerarbeit leisten. Die Gelegenheit ist günstig, ich laufe also schnell mit meinem Schlafsack zum Boot. Das Zelt lasse ich sicherheitshalber stehen. Auch als eine Art Mahnmal.

»Kräftig auf die Nase hauen«, sagt Herr Borchert, der am anderen Ufer auf mich gewartet hatte. Ich schaue ihn fragend an. »Im Fall eines Kuhangriffs hilft nur noch, ihr ordentlich auf die Nase zu hauen, sonst haben Sie keine Chance.« Ich erkläre Herrn Borchert, dass ich Gewalt gegen Tiere grundsätzlich ablehne. Er schüttelt resigniert den Kopf und entgegnet: »Dann kann ich Ihnen auch nicht helfen.«

Mit dem Regionalexpress fahren wir weiter nach **Wismar**. Die Hansestadt ist für drei Dinge weltbekannt: Altstadt, Karstadt und die Pest. In *Nosferatu* bringt Graf Dracula die tödliche Krankheit samt Ratten in die Stadt. Der Film von Friedrich Wilhelm Murnau (1922) spielt zwar nicht in Wismar, wurde hier aber teilweise gedreht. Der gleichnamige Film von Werner Herzog (1979) mit Klaus Kinski und Adolf Hitler, nein, mit Klaus Kinski und Bruno Ganz wurde hingegen nicht in der Stadt gedreht, spielt dafür aber in der Wismar. *Soko Wismar* (seit 2003) wiederum spielt zwar in Wismar und wird hier auch gedreht, hat aber mit der Pest nichts zu tun. Oder nur in einem sehr übertragenen, vorabendkrimikritischen Sinne. Wie auch immer: Alles in allem haben allerlei finstere Gestalten in Wismar ihr Unwesen getrieben. Vielleicht ist die Stadt deshalb auch das Zentrum der Mecklenburgischen Filmindustrie. Die Landesfilmförderung hat sogar schon echte Hollywoodfilme mit großen Summen unterstützt, weil dafür einen halben Tag an der Ostsee gedreht wurde. *Stupid German Money,* wie man in der Filmfinanzierungsbranche sagt.

Apropos: In Wismar wurde tatsächlich die große Kaufhauskette Karstadt gegründet. Am 14. Mai 1881 ging hier das »Tuch-, Manufactur- und Confectionsgeschäft Karstadt« an den Start. Und nur deswegen gibt es diesen Standort noch. Obwohl schon Heerscharen von Managern, Analysten und Berggruens die Tür zum Mutterhaus eigenhändig zunageln wollten, hat es letztlich doch niemand gewagt, dieses kleine Kaufhaus zu schließen. Für die Jüngeren noch einmal zur Erinnerung: Kaufhäuser sind sozusagen Onlineshops, in die man noch selber reingehen muss. Man steht dort dann zwischen langen Regalen mit Frotteehandtüchern, Strumpfmoden und WMF-Accessoires und wendet sich an Damen im besten Alter mit fragwürdigen Diensthalstüchern, die einem praktisch niemals weiterhelfen können, obwohl sie seit Jahrzehnten inmitten des immer gleichen Sortiments arbeiten.

Ein neues Frotteehandtuch könnte ich allerdings gut gebrauchen. Na, dann hineinspaziert ins Mutterhaus! Die Tür scheint ein wenig zu klemmen. Beherzt lehne ich mich dagegen. Dann ziehe ich angestrengt, doch zuversichtlich an der Glastür. Danach gebe ich auf. So wird das aber nichts mit der Karstadt-Rettung, denke ich, und rechne schon mal die Kosten für die Auffanggesellschaft durch. Ich wende mich Herrn Borchert zu: »Wie finden Sie denn ›MeckPomm – offen ist anders‹?« Er zuckt nur mit den Schultern und sagt: »Heute ist Sonntag.«

Dann besichtigen wird die Stadt eben ohne Handtuch. Immerhin ist Wismar UNESCO-Weltkulturerbe. Tatsächlich sind in Mecklenburg-Vorpommern fast alle Stadtkerne sehr hübsch und hervorragend saniert. Nicht überall trifft man lebende Menschen an, aber es gibt kaum einen Ort mit hässlicher Innenstadt. Wismar ist besonders gelungen. Die Altstadt ist so liebreizend, dass man eine gigantische graue Werfthalle daneben gebaut hat, um die Schönheit überhaupt aushalten zu können.

Als die Menschheit im Dezember 2012 aufatmete, weil die Welt trotz des Maya-Kalenders doch nicht untergegangen war, wusste man in MeckPomm, dass es sich bei der Weltuntergangshysterie lediglich um einen Übersetzungsfehler handelte. Statt »Welt-« hätte es »Werft-« heißen müssen: Die Standorte in Stralsund und Wolgast meldeten Insolvenz an. Die Werftindustrie war für Mecklenburg-Vorpommern schon immer ein schwieriges Thema. Um sie zu retten, pumpt die Politik seit der Wende Milliarden an Subventionen in die Traditionsstandorte. Niemand wollte die Werften im Stich lassen. Doch der Kampf war nahezu aussichtslos. Trotz allem gingen Tausende Arbeitsplätze verloren.

Auch die Wismarer Werft hat schwierige Zeiten durchlebt. Mittlerweile läuft es aber wieder ganz gut. Das Baudock ist 72 Meter hoch, 155 Meter breit und über 395 Meter lang. Damit man eine Vorstellung hat: Das ist etwa ein Zweiundvierzigtausendstel der Fläche des Saarlandes. Krass! Eine Hafenrundfahrt ist in Wismar besonders lohnenswert, denn man fährt dabei fast in die große Halle hinein. Für den Weltmarktführer aus MeckPomm, AIDA Cruises, entstand hier einst manches Kreuzfahrtschiff – schwimmende Kleinstädte, die Touristen von Land zu Land transportieren, ohne dass diese jemals einen Fuß auf fremde Erde setzen müssen. So kann sich der Urlauber in jeder Hinsicht sicher fühlen. Wenn ein deutsches Kreuzfahrtschiff zum Beispiel in der Karibik neue karibische Bananen bunkern will, dann liefert die ein großer Sattelschlepper direkt aus der Bananenhochburg Hamburg an. Würde man die Früchte einfach vor Ort in der Karibik einkaufen, könnte sich schließlich ein Terrorist oder ein Norovirus zwischen den Stauden verstecken. Oder beide. Irgendwie kann es ja auch kein Zufall sein, dass dieses Terrornetzwerk ausgerechnet al-qAIDA heißt. Alle Länder werden übrigens noch nicht angesteuert. So war Nordkorea bislang noch nicht im Angebot. Wer sich für ein solches Erlebnis interessiert, kann aber alternativ als Crewmitglied anheuern. Dann hat man wenigstens Nordkorea-Feeling, was die Arbeitsbedingungen angeht.

Aber so ein Kreuzfahrtschiff ist immerhin auch eine Art Gnadendampfer für uns Kabarettisten, wenn wir uns trotz aller undotierten Kleinkunstpreise keinen Urlaub leisten können. Für zwei, drei Kurzauftritte an Bord nehmen diese Vergnügungsschlachtschiffe die Künstler gerne ein Stück mit. »Nichts Besonderes, Kreuzfahrtschiffe gab's zu DDR-Zeiten auch schon«, sagt Herr Borchert unbeeindruckt. Das stimmt. Das DDR-Traumschiff Völkerfreundschaft hat der sozialistische Staat seinerzeit billig erstanden, nachdem es unter dem Namen Stockholm vor New York die Andrea Doria versenkt hatte. Abgewrackte Gebrauchtware nahmen wir ja immer gern. Man denke nur an die Westpakete. Damals sang Udo Lindenberg *Alles klar auf der Andrea Doria,* heute singt er den Titelsong von *Soko Wismar.* So schließt sich der ewige Kreis des Lebens.

Wir wandeln noch ein wenig durch die Innenstadt. Mancherlei Straßen und Tafeln erinnern daran, dass Wismar einst zu Schweden gehörte. Erbeutet im Dreißigjährigen Krieg. 1803 ging die Stadt für 100 Jahre als Pfand wieder an Mecklenburg. Danach wollten die Schweden sie nicht mehr zurück. So etwas fördert nicht gerade das Selbstbewusstsein. Die Schweden sind danach gen Osten gezogen. Direkt vor den Toren Rostocks kamen sie nach langen Irrungen und Wirrungen endgültig zum Stehen und errichteten dort Ende 2007 den einzigen IKEA des Landes. Man sagt, es war das größte Ereignis in Mecklenburg-Vorpommern seit dem Fall der Mauer. »Seit dem Bau der Mauer«, korrigiert Herr Borchert.

Tiefschlaf und Flachwasser
Tag 3: Hohen Wieschendorf, Poel und das Salzhaff

Am nächsten Morgen wache ich mit Kopfschmerzen auf dem nackten Boden eines leer stehenden Hauses auf. Was ist denn nun schon wieder passiert? Ich weiß noch, dass ich mich abends auf die Suche nach einem adretten Hotel gemacht habe und schließlich vor dem Steigenberger direkt am Marktplatz stehen blieb. Vor dem Eingang sprach mich dann ein freundlicher Herr im ordnungsgemäßen Anzug an. Ob ich mich für ein besonders exklusives Quartier interessieren würde? Natürlich würde ich! Ein paar Minuten später saß ich in seinem Mercedes und wir fuhren in die Mecklenburgische Weite. Einen Hügel hoch, einen wieder hinunter. Dann hieß es schon: »Herzlich willkommen in der Marina Hohen Wieschendorf.« Ich war positiv überrascht. Der Name schien mir zwar verbesserungswürdig – **Hohen Wieschendorf** klingt nicht gerade nach Copacabana. Aber eine Übernachtung direkt an der Ostsee, das hat doch Stil. Vor allem, wenn die große Ferienhausanlage so herrlich ruhig ist! Die pure Stille. Toll! In Hohen Wieschendorf war es dermaßen ruhig, dass es schon fast verdächtig war.

Der fremde Herr kramte derweil in einer Aktentasche. Dann zog er einen Prospekt hervor und rief begeistert: »Und das Beste ist, Sie können sich das Objekt praktisch noch aussuchen!« Tatsächlich steht die gesamte Anlage seit Jahren leer. Dabei handelte es sich einst um ein gut gemeintes Resozialisierungsprojekt. Ein wegen schweren Fördermittelbetrugs vorbestrafter Investor sollte mit 3,7 Millionen Euro Landessubventionen auf den rechten Pfad zurückgebracht werden und hier ein großes Ferienressort aufbauen. Er hat das Geld dann aber doch ein kleines bisschen anders eingesetzt als gedacht. Und nun sprießt schon der Schachtelhalm durchs Backsteinimitat.

Inzwischen sei die Nachfrage aber wieder sehr groß, versicherte mir der Herr im Anzug. Gerade deswegen habe er bisher noch keinem Käufer eine Zusage geben wollen. Bei mir könne er aber eine Ausnahme machen. Um seinem Angebot Nachdruck zu verleihen, schreckte er auch nicht vor dem Äußersten zurück: Pfefferminzlikör. Eines der mecklenburgischen Nationalgetränke. Geschmacklich eine unheilvolle Mischung aus Mundwasser und flüssigem After Eight. Es wurde schon dunkel, doch so eine menschenleere Marina direkt am Meer ist ein Erlebnis für sich. Eine Dreiviertelflasche später muss ich dann wohl eine Art Vorvertrag unterschrieben haben – Haustyp »Golf«. Ich erinnere mich nur noch an den Satz: »Und denken Sie daran, was man in der ersten Nacht im neuen Heim träumt ...«

Ich bin nicht sicher, ob diese Träume wirklich wahr werden sollten. Ich fiel von einer großen fliegenden Erdbeere direkt in das Innere eines Pferdes, traf alte Männer mit Totenschädeln in den Händen und verfolgte eine unbekannte Riesengestalt zwischen Burgen und Schlössern, ohne sie einholen zu können. Die klassischen Motive eben.

Und nun bin ich in meinem neuen Haus, Typ »Golf«, aufgewacht. Oder habe ich mir das alles nur eingebildet? Im Nachhinein kommt mir die ganze Sache doch sehr unwahrscheinlich vor. Aber neben mir liegt tatsächlich die Kopie des Vertrags! Und neben der Unterschrift des Verkäufers steht schwarz auf weiß in meiner Handschrift: Lutz Borchert. Na, da haben wir ja in nächster Zeit genug Stoff zum Plaudern.

Doch wie soll ich aus dieser Einöde eigentlich wieder wegkommen? Wo ist denn dieser Herr Borchert, wenn man ihn mal braucht? An der Seebrücke. Mit einem Kajak der Kolibri-Serie legt er tatsächlich gerade an dem bootslosen Kai an. Ich erwäge kurz, ihm freudig um den Hals zu fallen. Doch er zeigt nur auf seinen Kajak und erklärt: »1974 in der Mathias-Thesen-Werft Wismar gebaut – das war damals Weltniveau.« Ich beschließe, ihm von seiner neuen Ferienwohnung vorläufig nichts zu erzählen.

Wir beratschlagen die Route für den Tag. Gen Westen ginge es vorbei am malerisch-einsamen Klützer Winkel nach »Boltenhagen Beach«, wie die einheimische Jugend zu sagen pflegt. Ein schönes Ostseebad, in dem gelegentlich 100 Kilo schwere Meerjungfrauen an den Strand gespült werden, über Nacht wieder verschwinden und dann in anderen Orten von betrunkenen Daihatsu-Fahrern umgenietet werden. Diese kuriose Geschichte muss man sich aber von den Einheimischen selbst erzählen lassen. Mit entsprechenden Fragen kann man sich in Boltenhagen sehr beliebt machen.

Wir entscheiden uns jedoch dafür, die **Insel Poel** anzusteuern. Genau genommen entscheidet Herr Borchert. Ich bin vor allem damit beschäftigt, nicht über Bord zu gehen. Die Fahrt scheint endlos. Durch einen langen Fjord gelangen wir völlig entkräftet vom Paddeln zum Hafen Kirchdorf. Man kann natürlich auch bequem mit dem Pkw über einen Damm nach Poel fahren. Poel ist ja schließlich nicht Sylt. Dafür kostet ein Fischbrötchen hier auch noch keinen halben Facharbeiterlohn.

Poel ist die siebtgrößte Insel Deutschlands. Also ziemlich klein. Es gibt ein Heimatmuseum und Landschaft. Letztere erkundet man am Besten mit dem Fahrrad. Ersteres zu Fuß. Ein nettes Biocafé mit Galerie namens Frieda findet sich versteckt hinter einem sozialistischen Neubaublock im Oertzenhof 4. Wer es etwas urlauberüberlaufener mag, fährt zum Strandaufenthalt nach Timmendorf. Freunde rauer Steilküstenklippen mit weit über drei Metern Höhe wandern hingegen vom Schwarzen Busch (ein Schmunzelklassiker für Betroffene der Pubertät) in Richtung Gollwitz.

Ich hatte nach dem Paddelmartyrium eigentlich vor, mir eine gepflegte Intensivstation zu suchen, aber Herr Borchert drängelt schon wieder. Die Fahrradfähre nach Rerik, die man auch ohne Fahrrad benutzen darf, steht bereit. Doch kurz bevor wir ablegen, springe ich zurück an Land. Herr Borchert soll ruhig schon mal vorfahren.

Ich habe noch eine private Mission. Mit einem Rad vom Fahrradverleih in Kirchdorf (Damenrad mit Lenkerkorb, sieben Gänge) verlasse ich die Insel über den Damm und folge der B 105 – mehrmals kurz davor, von einem Lkw zermalmt zu werden – ostwärts bis nach **Ilow**.

Hier war nämlich der eigentliche Geburtsort Mecklenburgs. Oder eher der Kreißsaal, denn die Angelegenheit gestaltete sich recht blutig. Im heutigen Ilow stand vom 10. bis ins 12. Jahrhundert die Ilenburg – eine der vier großen Landesburgen (heute würde man sagen: Landkreisämter) des großen Slawenfürsten Niklot I., dessen riesige Reiterstatue noch heute über dem Eingang des Schweriner Schlosses thront. Der Freiraum unmittelbar dahinter ist übrigens die Raucherinsel des Landtags. Nach einer hitzigen Plenardebatte treffen sich Minister und Abgeordnete gern zu einer gemütlichen Friedenszigarette am Pferdeanus.

Zurück ins 12. Jahrhundert: Die Besitzverhältnisse der Ilenburg waren Heinrich dem Löwen aus dem Geschlecht der Welfen ein Dorn im Auge. Wie es sich für einen Vorfahren des Prügelprinzen gehört, pinkelte Heinrich dem Slawenfürsten Niklot an seine Burg und besetzte das Land bis zur Ostseeküste mit seinen sächsischen Heerscharen. Eine hübsche Tradition, die sich bis heute quasi jeden Sommer in den Ostseebädern Mecklenburg-Vorpommerns wiederholt. Niklot wiederum, auch nicht unclever, brannte seine vier Burgen sicherheitshalber selbst nieder und versuchte dann, in den Westen rüberzumachen. Der Enkel Niklots, Nikolaus, baute die Burg wieder auf, ließ sich dann jedoch die Mutti aus der Burg entführen. Sein

Onkel Pribislaw hatte sich aber bereits im Namen der Slawen unterworfen. Dafür durften diese dann die nächsten 750 Jahre das Land regieren. Eine typische Win-Win-Situation. 1990 haben wir es ja im Grunde ganz ähnlich gemacht. Nur die Mutti wurde nicht entführt. Das Kanzleramt ist heutzutage einfach besser gesichert.

Von der Ilenburg sind nur noch einige Erhebungen auf dem Ackerland übrig geblieben. Doch ich habe gehört, dass es stattdessen in Ilow ein schönes Gutshaus geben soll. Es ist eher eines der kleineren Sorte. Daneben steht das Klanghaus – ein schöner Saal, in dem regelmäßig Konzerte stattfinden. Restaurierungsbedarf gibt es hier nirgendwo. Enttäuscht fahre ich weiter – in Richtung Nordwesten nach Rerik. Inzwischen ist es wahnsinnig heiß geworden und natürlich habe ich ein Leihfahrrad ohne Klimaanlage erwischt. Ich entschließe mich zu einem Zwischenstopp in Pepelow. Ein Bad im **Salzhaff** wird für Abkühlung sorgen! Eilig ziehe ich mich aus und laufe beherzt nach Bademeisterart ins Wasser, um mich – die Kälteangst durch die schiere Anlaufgeschwindigkeit ignorierend – nach einiger Zeit in die brausenden Fluten zu stürzen. Doch irgendetwas stimmt hier nicht. Nach zwei Minuten Rennen ist das Wasser noch immer nur knöcheltief. Ich laufe weiter. Fünf Minuten später: keine entscheidende Veränderung. Weiter! Ich lege noch einen Sprint ein. Kurz vor Dänemark gebe ich auf. Das Wasser geht mir noch nicht einmal bis zum Knie. Dafür ist es aber schön lauwarm. Das Salzhaff ist deshalb ideal für Familien mit kleinen Kindern und ein beliebtes Surfrevier für Anfänger. Bevor man hier ertrinkt, verstaucht man sich beim Schwimmen eher den Knöchel. Ambitionierte Apnoetaucher sollten das Salzhaff daher weiträumig meiden. Ich notiere mir meine neue Slogan-Idee: »MV – Tiefgang? Nein danke.« Auch noch ausbaufähig.

Als ich das Ufer wieder erreiche, ist es schon später Abend. Nach Rerik schaffe ich es heute nicht mehr. Unmittelbar am Wasser ist ein großer Campingplatz. Doch mein Zelt ist wahrscheinlich längst den cholerischen Kühen von Lieps zum Opfer gefallen. Dann schlafe ich eben im Freien. Ein verständnisvoller Hamburger Campinggast bietet an, mir seine alte Luftmatratze zu verkaufen. Für den geforderten Preis bekäme ich im Karstadt Wismar vermutlich drei neue. Vielleicht mögen wir Mecklenburger und Vorpommer nicht den allerbesten Geschäftssinn haben, aber sparsam sind wir schon. Sparsam, aber nicht geizig. Und wir haben einen ziemlich ausgeprägten Gerechtigkeitssinn. Besonders wenn wir annehmen, selbst ungerecht behandelt zu werden. Dann kann hinter der genügsamen, treuherzigen Fassade auch eine gewisse Schlitzohrigkeit hervortreten. Jedenfalls tausche ich die Matratze des Hamburgers schließlich gegen mein Fahrrad. Nach dem erfolgreichen Manöver beim Ferienwohnungsvertrag hatte ich mich beim Poeler Fahrradverleih als Herr Schmidt vom Schweriner Wirtschaftsministerium angemeldet.

Ich mache es mir in meinem Schlafsack am Ufer des Haffs gemütlich und blicke in den Himmel. Weil die Lichter der großen Städte weit entfernt sind, stehen die Chancen in Mecklenburg-Vorpommern oft sehr gut, viele Sterne, Raumstationen und andere Himmelskörper zu entdecken. In MV kann man die Überwachungssatelliten noch bei der Arbeit beobachten. Schön, irgendwie.

Wellness mit Fischbrötchen
Tag 4: Rerik und Bastorf

Ich hätte es natürlich wissen müssen. Vielleicht habe ich es auch unbewusst darauf angelegt: Als ich erwache, treibe ich mit meiner neuen Gebrauchtluftmatratze mitten auf dem Wasser. Die Gezeiten können es nicht gewesen sein. Sehr wohl aber die Rotzgören vom Campingplatz. Vielleicht hätte ich Ihnen gestern Abend doch das geforderte Eis spendieren sollen. Aber ich verhandle nicht mit Erpressern!

Auf dem vorderen Ende der Matratze steht ein Vogel und guckt mich auf irritierende Weise an. Er sieht ein wenig aus wie ein exzentrischer Lord des englischen Oberhauses. Offenbar handelt es sich um einen Kampfläufer, einen der vielen seltenen Vögel, die am Salzhaff beheimatet sind. Mir wird etwas mulmig, denn ich weiß nicht, woher er seinen Namen hat.

Immerhin ist schon wieder Land in Sicht. Wie üblich alles menschenleer. Ich lege an und übergebe die Luftmatratze kampflos an den komischen Vogel. Am besten, ich schlage mich ins Landesinnere durch, denn irgendwo muss es hier schließlich Spuren von Zivilisation geben. Plötzlich stehe ich vor verfallenen Baracken, dahinter größere Häuser mit zerschlagenen Fensterscheiben und Hinterlassenschaften untalentierter Graffitikünstler. Eine Geisterkleinstadt. Also nicht wie manche Städte in Vorpommern, die nur völlig ausgestorben *wirken*. Hier ist wirklich niemand. Noch so ein unfertiges Ferienobjekt? Ein gescheiterter Robinson Club?

Nein, ich bin offensichtlich auf der **Halbinsel Wustrow** gelandet. Nicht zu verwechseln mit dem Ort Wustrow auf der Halbinsel Fischland-Darß. Die Halbinsel Wustrow erstreckt sich über etwa fünf mal 2,5 Kilometer und ist seit 80 Jahren Sperrgebiet. Zuerst baute die Wehrmacht hier die größte Flakartillerieschule des Reiches auf. Dann übernahm die Rote Armee das scharf bewachte Gelände. Schließlich eroberte die Fundus-Immobiliengruppe die Halbinsel. Was sie damit vorhat, weiß sie wohl selbst noch nicht so genau. Auf jeden Fall ist das Betreten des gesamten Gebiets nach wie vor verboten. Wahrscheinlich wird sie weiterhin als Truppenübungsplatz genutzt. Für Immobilienmanager. Solche teambildenden Maßnahmen sind ja immer ganz wichtig. Inzwischen wurde das wild bewachsene Gebiet von den Behörden als Wald eingestuft. Deswegen könnte es irgendwann vielleicht wieder für Besucher freigegeben werden.

Ich versuche über den sogenannten Wustrower Hals, ein schmaleres Landstück, zum Festland zu gelangen. Unterwegs warnen Schilder vor Explosionsgefahren durch Altmunition. Unwillkürlich muss ich an die *Ballade vom erfolglosen Bombenentschärfer in Kunduz* aus einem unserer früheren Kabarettprogramme denken: »Und wenn Du gehst, dann geht nur ein Teil von Dir ...«

Am Ende des Wustrower Halses stehe ich direkt am Strand von **Rerik**. Eigentlich ist es der Strand von Alt Gaarz. Doch die Nazis fanden den Namen 1938 zu slawisch und verpassten dem Ort neben dem Stadtrecht auch gleich einen neuen, nordisch klingenden Namen. Wer denkt bei Rerik nicht gleich an einen rotbärtigen Wikinger? Das Wappen mit der goldenen Kogge stammt ebenfalls von einem Nazi der allerersten Stunde, dem »Reichbeauftragten für künstlerische Formgebung« Prof. Hans Herbert Schweitzer, der sich den überaus schwachsinnigen Künstlernamen Mjölnir gab. Das ist in der nordischen Mythologie wohl der Kriegshammer von Thor, klingt allerdings eher wie eine IKEA-Wickelkommode. Aber so unnaziös war der IKEA-Gründer ja wiederum auch nicht. Erstaunlich ist, dass Ortsname und Wappen nach Ende des Krieges einfach beibehalten wurden. Auch die heraldischen Aushängeschilder von Kühlungsborn, Rostock, Schwaan und Bad Sülze stammen alle von dem Goebbels-Kumpel.

Der Reriker Strand ist noch sehr frisch, denn er wurde erst 1997 komplett neu aufgeschüttet. Er ist sozusagen der Jahreswagen unter den Ostseestränden. Im Sand sehe ich es seltsam schimmern. Ich gehe ein Stück näher. Tatsächlich! Endlich habe ich mal Glück! Ein faustgroßer Bernstein! Das Gold des Nordens. Vielleicht sogar mit Einschluss. Eine Mücke. Oder ein Eichhörnchen. Was eben einst am urzeitlichen Baumharz so alles kleben blieb.

Okay, vielleicht ist er eher kieselsteingroß. Aber trotzdem: Den kann ich in 40 Jahren einmal zu einer schönen Brosche für meine künftige Ehefrau umarbeiten. In diesem Alter ist so etwas extrem angesagt. Als ich mich gerade zu meinem Fund hinunterbücken will, werde ich rabiat zur Seite gestoßen. Vermutlich ein rüpelhafter Konkurrent, der ebenfalls auf den Bernstein scharf ist! Ich will ihm gerade mit etwas Hartem, Flachem kräftig auf die Nase hauen, da erkenne ich Herrn Borchert. Er sagt nur: »Das ist Phosphor!« Für dumm verkaufen lasse ich mich aber nun auch wieder nicht. Ich erkenne doch wohl noch einen Bernstein, wenn er vor mir liegt! Herr Borchert schiebt mich noch ein Stück weiter zur Seite. Dann nimmt er seine glasbetondicke Uraltbrille ab und lenkt damit einen konzentrierten Sonnenstrahl auf den Bernstein. Ein paar Sekunden später geht er in helle Flammen auf. 1.300 Grad Celsius, unlöschbar.

Als Fremdenführer mag Herr Borchert ein Totalausfall sein, aber seinen Job als gnatziger Schutzengel macht er wirklich gut. Tatsächlich werden in Rerik und auch an anderen Stellen der Ostsee immer wieder Phosphorklumpen aus alten Brandbomben an den Strand gespült. Die hatte man nach dem Krieg nicht gerade nach dem Deutschen Reinheitsgebot entsorgt. Manchem Touristen sind deswegen schon die Taschen seiner Multifunktionsjacke in Brand geraten. Das ist aber kein Grund, den sehr schönen Reriker Strand zu meiden, man muss nur einfach nicht alles einsammeln, was glänzt.

Fürs Erste habe ich genug von den ganzen Kriegsgeschichten. Wir sind an einer traumhaften Küste. Und es ist Frühstückszeit! Ich spendiere Herrn Borchert und mir also ein schönes Fischbrötchen. Fangfrisch. Direkt aus dem Atlantik. Und erst kurz zuvor in alter, ganz traditioneller Weise vom Lkw auf den originalen Fischverkaufskutter verladen.

Wir verspeisen die Brötchen fachgerecht auf dem Schmiedeberg. Von dem alten slawischen Burgwall hat man einen sehr schönen Ausblick über Land und Meer. »Wohin man kommt, überall Umgebung«, sage ich. Herr Borchert hebt zu einer Erwiderung an, beißt dann aber doch nur in sein Fischbrötchen. Ich spüre eine gewisse morbide Grundstimmung. Manchmal muss man so etwas auch zulassen. Darum schlage ich eine kleine Grabbesichtigung vor.

In ganz Mecklenburg-Vorpommern sind imposante Großsteingräber aus gigantischen eiszeitlichen Hinkelsteinen zu finden – im Norden auch »Hünengräber« genannt. Kinder sagen meist scherzhaft »Hühnergräber«. Als wir vor einem der acht großen Gräber im Umfeld Reriks stehen, muss ich an den verletzten Nandu denken. Eine solche Ruhestätte hätte ihm sicher gefallen. Diese Bauwerke sind zwar nicht gerade Stonehenge, aber trotzdem sehr beeindruckend. Man könnte glauben, im 3. und 4. Jahrtausend vor Christus hätten die Leute nichts anderes zu tun gehabt, als riesige Megalithen durch die Gegend zu schleppen. Im Grunde waren die damaligen Grabbauer ja auch die ersten Profiteure des Klimawandels. Ohne die Erderwärmung hätte es in Sachen Baumaterial ganz schlecht ausgesehen. Das hätte man sich mühselig aus dem Gletscher oder anderenfalls aus dem Kopf schlagen müssen.

Über sandige Feldwege inmitten immer neuer Raps-
felder machen wir uns auf den Weg nach Kühlungsborn.
Wir durchqueren **Bastorf** – ein Zusammenschluss mehrerer anmutiger Dörfer. Im Ortsteil Hohen Niendorf steht
ein helles Jagdschloss – leider frisch saniert – mit großem
Schlossgarten. »Kenn' ich noch als Gewerkschaftsschu-
le«, sagt Herr Borchert, »was haben wir da manchmal mit
dem Genossen Harry Tisch ...«, er unterbricht sich. Der
in Vorpommern geborene Chef des Freien Deutschen
Gewerkschaftsbundes war einer der anerkanntesten und
emsigsten Alkoholiker unter den Politbüromitgliedern.
Daher kursieren viele feuchtfröhliche Anekdoten über
ihn. In den 1970er-Jahren entließ Tisch einmal in sturz-
betrunkenem Zustand den Trainer des F.C. Hansa Rostock – und zwar in der Halbzeitpause eines Erstligaspiels.
Trainer Heinz Werner hatte sich geweigert, bereits 20
Minuten nach Spielbeginn zwei Spieler auszuwechseln,
obwohl Tisch das lallend von ihm gefordert hatte. Herr
Borchert sagt dazu nur: »Ist Hansa damals abgestiegen –
oder nicht? Na also!«

Mitten auf dem Feld steht plötzlich ein Leuchtturm.
Das kommt etwas überraschend, denn das Meer ist noch
ein gutes Stück entfernt. Wahrscheinlich haben die Bau-
meister 1887/88 schon den stetigen Küstenabbruch mit
einberechnet. In 400 Jahren steht der Turm dann direkt
am Wasser. Außerdem befinden wir uns hier schwin-
delerregende 78 Meter über dem Meeresspiegel. Der
Backsteinturm selbst ist 20,8 Meter hoch. Damit ist er
das höchstgelegene deutsche Küstenleuchtfeuer. Für zwei
Euro Eintritt kann man zwischen 10 und 17 Uhr bei guter

Sicht sogar bis nach Dänemark gucken. Wer würde dieses High-End-Erlebnis verpassen wollen? Herr Borchert und ich. Seien wir ehrlich: Kennst du einen wundervoll-romantischen Leuchtturm, kennst du alle.

Wir haben schon wieder Hunger. Im Gutshof Bastorf gibt es einen Hofladen und einen schönen Kräutergarten. Auf der Karte des Restaurants erkennt man sofort, welche Gerichte gluten-, laktose- oder fleischlos sind. »So einen neumodischen Kram wie Laktoseintoleranz gab's früher bei uns nicht«, brummt Herr Borchert. »Genauso wie jetzt auf einmal alle homosexuell sein wollen.« Ich sage ihm, dass es inzwischen sogar laktoseintolerante Homosexuelle geben soll. Aber er glaubt mir nicht so richtig. Nach dem Essen gönne ich mir eine indische Öl-Anwendung im Beauty- und Entspannungsbereich. Immerhin versteht sich MV als »Gesundheitsland Nr. 1«. Scheichs aus aller Welt kommen hierher, um sich von Spezialisten behandeln zu lassen. Eines der ersten Wörter, die Kinder in der Grundschule schreiben lernen, ist »Wellness«. Rainald Grebe singt über Mecklenburg-Vorpommern »Dafür stehen wir: Ayurveda und Hartz IV.« Warum haben sie den Grebe eigentlich nicht für einen MV-Slogan engagiert? Wahrscheinlich zu teuer. Soll ja auch ein schwieriger Kollege sein.

MeckPomm ist übrigens sowohl Gesundheitsland als auch Durchfallland Nummer eins. Gemessen an Magen-Darm-Erkrankungen pro Kopf. Gegensätze ziehen sich eben an. Während mir das Öl über den Rücken läuft, denke ich noch: »Mecklenburg-Vorpommern – nicht nur laktose-intolerant!« Dann schlafe ich ein.

Was ist Anarchie?
Tag 5: Kühlungsborn und Heiligendamm

Offenbar war ich gestern der letzte Massagekunde. So hat man mich netterweise gleich auf der Massageliege schlafen lassen und sogar eine kuschelige Decke über mich gelegt. Trotzdem ist mir die Angelegenheit etwas peinlich. Für die morgendliche Dusche laufe ich lieber an den Strand. Leider habe ich nicht bedacht, dass die Ostsee um diese Jahreszeit noch Temperaturen im Herzinfarktbereich aufweist. Die ersten warmen Spätfrühlingstage haben nicht ausgereicht, um das Wasser auf ein medizinisch unbedenkliches Niveau zu erwärmen. Doch ich bleibe tapfer und schwimme fast 30 Sekunden durch die Fluten. Dabei achte ich natürlich darauf, nicht mit einer vorbeitreibenden Eisscholle zu kollidieren. Auf jeden Fall bin ich nun sauber und wach.

Als ich mich gerade auf den Weg machen will, um am Strand entlang nach Kühlungsborn zu marschieren, spricht mich einer dieser coolen Kägsdorfer Surfertypen an. Jedes Jahr im Juni findet am Strand des Bastorfer Ortsteils Kägsdorf das sehr entspannte Zuparken-Festival statt. Das ist so etwas wie ein Biker-Gottesdienst für VW-Bullies. Ohne Gottesdienst. Hunderte Surferinnen und Surfer reisen mit ihren älteren und neueren VW-Transportern an und surfen bei ansprechender Livemusik in der Weltgeschichte herum. Nebenbei zeigt man sich gegenseitig, was für geniale Ausbauten man in seinem Minibus vorgenommen hat. Duschen, Hobbykeller, Bowlingbahnen – alles ist möglich. Diese VW-Busse sind vielleicht die einzigen Statussymbole, auf die auch Inhaber antibürgerlich-konsumkritisch-alternativer Weltanschauungen so richtig abfahren. Vor allem die alten T1/T2-Modelle vermitteln das alte Hippie-Gefühl der Flower-Power-Ära, das schon an unseren Eltern spurlos vorübergegangen ist. Natürlich sind fahrtüchtige Exemplare dieser alten Vans sauteuer.

Der coole Kägsdorfer Surfertyp spricht mich also an: »Hey, sag mal, wie hast'n du das mit deinem Gesicht so hinbekommen?« Ich habe keine Ahnung, was er meint. »Na, dieser rote Kreis, der bei dir über die Stirn und die Wangen und das Kinn geht. Vielleicht lass' ich mir so was auch machen!« Ich weiß immer noch nicht, wovon er redet. Er lässt mich in seinen himmelblauen T2 einsteigen, damit ich mich im Spiegel der Frisierkommode ansehen kann. Tatsächlich: Ein breiter roter Kreis mit sonderbarem Muster läuft über Stirn, Wangen und Kinn. »Ich hab heute Nacht wohl zu lange in der Gesichtsstütze meiner Massageliege gelegen«, sage ich. Der coole Surfertyp scheint schwer beeindruckt zu sein. Als Dank für diesen guten Tipp nimmt er mich ein Stück in seinem VW-Bus mit. »Du willst schon wieder los?«, frage ich überrascht.

»Aber du bist doch noch keinen Meter gesurft!« Er lächelt freundlich und erklärt mir, dass am kommenden Wochenende besagtes, ausgesprochen zwangloses Zuparken-Festival sei: »Und deswegen habe ich mir mit meinem Badehandtuch schon mal eine gute Stelle reserviert.« Darauf hätte ich auch selbst kommen können.

Wir fahren in Richtung **Kühlungsborn**. Im Radio kommt der Song *Gib mir Sonne* der Band Rosenstolz. Viele kennen das Lied aber eher unter dem Titel *Wann kommt die Sahne?*, weil die Sängerin AnNa R. im Refrain so eine sonderbare Aussprache hat. Im dazugehörigen Musikvideo, das in Mecklenburg-Vorpommern gedreht wurde, reisen die Musiker samt Kind und Oma in einem zum Hippie-Mobil umgebauten Barkas durch eine fiktive DDR, um schließlich unter fröhlichem Hier-kommt-die-Sahne-Gesang zur Ostsee zu gelangen. Ich weiß nicht, wen dieser erlogene Nostalgiekitsch mehr empören würde – den coolen Surferboy mit seiner nonkonformistischen Muschel am Lederhalsbändchen oder Herrn Borchert. Darum behalte ich diese interessante Pop-Information lieber für mich.

Eine Autofahrt durch Kühlungsborn ist etwas anstrengend, denn die Küstenstraße ist verkehrsberuhigt und wir fahren alle paar Sekunden über einen dieser Bremshügel, die der Surfertyp immer zu spät bemerkt. Kühlungsborn ist noch jung. Der Ort entstand 1938 aus den Gemeinden Brunshaupten-Fulgen und Arendsee. Diese hatten in den Jahren zuvor eine Rivalität à la Villarriba und Villabajo entwickelt und auch baulich miteinander gewetteifert. Darum existieren heute noch viele Einrichtungen in Kühlungsborn doppelt, zum Beispiel gibt es einen Konzertgarten (Ost) und einen Konzertgarten (West). Kühlungsborn glänzt mit liebevoll restaurierter Bäderarchitektur, einer knapp fünf Kilometer langen Promenade und ebenso langem vorbildlichen Sandstrand. In der Kunsthalle direkt am Meer sind nicht nur wechselnde Ausstellungen zu erleben, sondern auch zahlreiche andere Kulturveranstaltungen. Der Seglerhafen strotzt meist vor Booten. Man kann sich des Eindrucks nicht erwehren: Dieses Seebad wird professionell gemanagt. Dadurch wirkt der Ort zwar inzwischen ein wenig unurig, aber den anstrengenden Charme des Unperfekten hat man ja im Rest des Landes mehr als genug. Nur ein Detail ist kritisch zu hinterfragen: Mussten die öffentlichen Toiletten und der Fischimbiss an der Promenade unbedingt in einem gemeinsamen Häuschen untergebracht werden?

Im Hinterland des Ortes befindet sich die Kühlung, eines der größeren Waldgebiete der Gegend. Hier kann man im Herbst sehr gut erfolglos Pilze suchen. Ansonsten ist die Region eigentlich recht waldarm. Die meisten Bäume fielen wohl dem Bedarf an landwirtschaftlicher Nutzfläche und der Surfbrettindustrie zum Opfer. Mein Fahrer hat den Scherz verstanden und lacht sympathisch. Vielleicht sollte ich ihn als Reisebegleiter anheuern? Ich frage ihn, ob er eine coole Idee für einen MV-Slogan hat. Er guckt mich verständnislos an und sagt: »Wieso? ›MV tut gut‹ ist doch super!«

Inzwischen haben wir **Heiligendamm** erreicht. Höchste Zeit, auszusteigen. Heiligendamm ist das älteste Seebad des europäischen Festlandes. Man nennt es die »Weiße

Stadt am Meer«, denn die hellen klassizistischen Prunk-
bauten sind bei guter Sicht noch von Dänemark aus zu
sehen. Die Sichtmöglichkeiten von oder nach Dänemark
sind hier in Mecklenburg-Vorpommern ein ganz wichti-
ges Kriterium. Das Seeheilbad ist stolz auf seine berühmten Besucher. Zwar redet man ungern über die einstigen
Badegäste Hitler, Goebbels und Mussolini, verweist aber
gern auf lupenreine Demokraten wie Kaiser Wilhelm und
Zar Nikolaus I.

Richtig berühmt wurde Heiligendamm durch den
G8-Gipfel im Jahr 2007. Was für eine Ehre! Die Welt-
wirtschaftskonferenz in Mecklenburg-Vorpommern! Das
war zwar so, als würde man die Weltozeankonferenz in der
Sahara abhalten, aber trotzdem: toll. Hier trafen die richtig demokratisch gewählten Vertreter des Weltgeschehens
zusammen.

Einige Zehntausend Demonstranten kamen auch vorbei. Unter dem Motto »Eine andere Welt ist möglich«
vertraten sie die Auffassung, dass das aktuelle Weltwirt-
schaftssystem nicht unbedingt zu den allergerechtesten
gehört. Natürlich gab es auch unter den Protestierenden
winzige weltanschauliche Differenzen. So wurden die
Trotzkisten der Sozialistischen Alternative Voran (SAV)
von den ebenfalls trotzkistischen Spartakisten auf Flug-
blättern als »Konterrevolutionäre« bezeichnet. Beide
Gruppierungen waren wiederum für die Neobolschewis-
ten ein absolutes No-Go bzw. »Стоп!«. Allerdings wird
es niemanden überraschen, dass die antiimperialistische
Antifa mit allen drei Gruppen ihre Probleme hatte. Die
Antiimperialisten dürfen übrigens nicht mit der antideut-

schen Antifa verwechselt werden, das gibt sonst richtig Stress. Ich selbst sah mehrere Demonstranten hektisch das Buch *Was ist eigentlich Anarchie?*[4] durcharbeiten, weil sie panische Angst hatten, versehentlich einmal gegen anarchistische Verhaltensregeln zu verstoßen.

Die übergroße Mehrheit der Protestteilnehmer bestand aber ganz einfach aus demokratisch gesinnten, globalisierungskritischen Menschen, die sich Sorgen um den Zustand der Welt machten. Auch viele Einheimische waren dabei. Während einige ängstliche Ladenbesitzer selbst fern von den Demonstrationsrouten ihre Schaufenster mit Sperrholzplatten vernagelten, brachten manche Anwohner eingekesselten Demonstranten sogar Wasser und Essen, wenn die Polizei es erlaubte.

Selbstverständlich hatten die Staatschefs für so viel bürgerschaftliches Engagement große Sympathien, hofften aber gleichzeitig auf Verständnis für ihre Hoffnung, von den Protesten möglichst überhaupt nichts mitzubekommen. Um dieser Bitte ein wenig Nachdruck zu verleihen, hatten sie sich Folgendes überlegt: einen zwölf Kilometer langen Hochsicherheitszaun um Heiligendamm (Kosten: eine Million Euro pro Kilometer), 16.000 Polizisten, verdeckte Ermittler und Provokateure unter den Demonstranten, Wasserwerfer, Tränengaseinsatz, Verfolgungsjagden mit Helikoptern, Militärkampfjets, Schützenpanzer, Abhöraktionen und Postüberwachung, Vorbeugeinhaftierungen, Massenverhaftungen, improvisierte Gefängnisse

---

4   Vgl. Autorenkollektiv: *Was ist eigentlich Anarchie? Einführung in Theorie und Geschichte des Anarchismus,* Berlin: Kramer 1997.

auf privaten Firmengrundstücken ohne anwaltlichen Zugang – insgesamt der wahrscheinlich größte Einsatz von Sicherheitskräften seit dem 17. Juni 1953. Hätte der damalige Ehrengast Husni Mubarak seinerzeit etwas besser aufgepasst, wäre er wahrscheinlich heute noch ägyptischer Präsident. Oder ist er das inzwischen schon wieder?

Der Sicherheitszaun ist mittlerweile längst wieder abgebaut. Der Chefinvestor Heiligendamms hätte ihn allerdings gern als eine Art antitouristischen Schutzwall behalten. Der Ort wurde nämlich schon 1996 an die Fundus-Gruppe verkauft – die kennen wir ja schon von der Halbinsel Wustrow. Die Luxushotelgeschäfte liefen danach eher mäßig. Nach jahrelangem Rätselraten über die Gründe fand Fundus-Chef Anno August Jagdfeld schließlich die Ursache für die Probleme heraus: Schuld sind die Tagesgäste und Einheimischen, die einfach so durch den Ort spazieren und den Luxusurlaubern immer auf die Michelin-Stern-Teller starren. Das hätte es unter Kaiser Wilhelm nicht gegeben. Weder unter I. noch unter II.

Geldverschwendung dürfte jedenfalls nicht der Grund für die Probleme des Hotels gewesen sein. Auch Dietrich & Raab haben schon in dem wunderschönen Grandhotel gespielt. Die zwölf Euro für den überbackenen Künstler-Catering-Toast wurden uns dabei selbstverständlich von der Gage abgezogen. Aber wir waren froh, dass wir mit unseren bescheidenen Mitteln einen der wichtigsten Arbeitgeber in der Region unterstützen konnten.

In der Abendsonne strahlt das Weiß der Bauwerke so hell, dass ich kurz vor der Schneeblindheit stehe. Auf der Seebrücke kommt mir Herr Borchert entgegen und übergibt mir einen Zimmerschlüssel für das Hotel. Ich bin zwar schon wieder hundemüde, frage mich aber, ob unser Budget das wirklich zulässt. Doch er murmelt nur, er habe ganz gute Beziehungen zum derzeitigen Insolvenzverwalter. Oder war es der neue Besitzer? Ich bin zu erschöpft, um nachzufragen. *Good night, white pride.*

Bekannte Persönlichkeiten aus MeckPomm in Stichworten

Gebhard Leberecht von Blücher (1742–1819)
Napoleon-Bezwinger. »Marschall Vorwärts«. Spielsüchtig.

Caspar David Friedrich (1774–1840)
Maler. Greifswald. Romantik. Lieblingsmotive: Kreidefelsen, Rücken.

Heinrich Schliemann (1822–1890)
Entdecker. Neubukow. Ankershagen. St. Petersburg. Autodidakt. Troja.

Günther Uecker (geb. 1930)
Maler. Objektkünstler (Nagelkunst). Wendorf (Vorpommern); Halbinsel Wustrow (bei Rerik). Optischer Eindruck: etwas korpulenterer Joseph Beuys ohne Hut. International bekannt. Millionenbeträge.

Joachim Gauck (geb. 1940)
Bundespräsident. Rostock. Pastor. Wende. Gauck-Behörde. Freiheit. Freiheit. Freiheit.

Till Backhaus (geb. 1959)
Landwirtschaftsminister. Ehemaliger vermeintlich zukünftiger Ministerpräsident. Beliebtes Original. Umstrittene Doktorarbeit. Schwäche für Misswahl-Gewinnerinnen.

Saskia Valencia (geb. 1964)

Schauspielerin. Rostock. Aktmodell (DDR). *Gute Zeiten – Schlechte Zeiten. Peep! Unser Charly.* ~~Helmut Zierl.~~ Rote Rosen.

Jan Ullrich (geb. 1973)

Rennradfahrer. Rostock. Tour de France. Im Winter dick. EPO. Niemals jemanden betrogen.

Marteria (geb. 1982)

Eigentlich Marten Laciny. Musiker (Rap). Rostock-Lichtenhagen. U17-Fußballnationalmannschaft. Kumpel von Campino, Cro, Max Herre und Jan Delay. Ein Nummer-1-Hit, in dem er »neuer Stern« auf »Feuerwerk« reimt.

Lokomotiven und Sanddorntorten

Tag 6: Bad Doberan

Der Frühstücksraum ist ziemlich leer. An den Tischen sitzen nur einige Spitzensteuerzahler und ihre Ehepartnerinnen. Zwei Kinder in hellen Leinenanzügen bewerfen sich mit getrocknetem Trüffel-Carpaccio. Hinter dem Tresen der geschlossenen Bar glaube ich für einen kurzen Moment, Martin Semmelrogge abtauchen zu sehen. Er soll ja gelegentlich in der Nähe Rostocks im offenen Vollzug sein und spielt gerne Piraten in sommerlichen Open-Air-Theaterstücken. Die Aufführungen sind zwar eigentlich in Grevesmühlen und damit weit entfernt von Heiligendamm, aber in Schauspielerkreisen macht man ja für ein … Frühstück gern mal einen Umweg. In MeckPomm sind wir wahnsinnig stolz auf jeden Besucher, der auch nur ein klitzekleines bisschen prominent ist. Sie werden gehegt und gepflegt und gerne eingeladen.

Die freundliche Bedienung bringt Kaffee und zwinkert mir kokett zu. Als ich zurückzwinkere, flüstert sie mir leise ins Ohr, dass sie mich in der Serie *Hallo Robbie!* damals sehr gut fand. Ich habe keinen blassen Schimmer, wovon sie redet, und frage mich, ob ich heute Morgen noch so zerknautscht aussehe, dass sie mich mit Karsten Speck verwechselt, dem Zellennachbarn von Martin Semmelrogge in der JVA Rostock-Waldeck. Der hat ja auch einmal als Kabarettist angefangen, bei der Distel in Berlin. Einerseits bin ich über die Verwechslung empört, andererseits könnte mich das um die Bezahlung des Frühstücksbüffets bringen. Denn hier hatte sich der Insolvenzverwalter/Besitzer knickrig gezeigt. Nun heißt es endlich: Rache für den Zwölf-Euro-Toast! Was hätte also Karsten Speck in meiner Situation gemacht? Ich nicke der hübschen Kellnerin lässig zu, gucke dann ein wenig nostalgisch ins Weite und sage mit Wehmut in der Stimme: »Ach ja, der Robbie. Manchmal fehlt mir dieser freche Affe heute noch.« Die Frau lächelt etwas gequält und möchte kein Autogramm.

Ich breche das Frühstück sicherheitshalber ab und gehe nach draußen. Eine schwarze Rußwolke kommt direkt auf mich zu, denn die Dampflokomotive Molli fährt in den Bahnhof von Heiligendamm ein. Sie lässt ihren charakteristischen Sound aus tiefem Pfeifen und hellem Glockengeläut hören, der vielen Urlaubern lange im Gedächtnis bleibt und schon so manchen Einheimischen an den Rand des Wahnsinns getrieben hat. Die Schmalspurbahn (900 Millimeter) verbindet auf einer Strecke von 15,4 Kilometern die Orte Kühlungsborn, Heiligendamm und Bad Doberan. Dafür benötigt sie 45 Minuten. Männer mit liebenswert infantiler Bahnbegeisterung haben

die Möglichkeit, gegen Aufpreis im Führerhaus mitzu-
fahren. Die ganz Hartgesottenen können sogar einen
Wochenendkurs buchen. Zwar ist es nicht erlaubt, den
Zug zu lenken, aber dafür dürfen sie sich am Ende in das
Lokbuch eintragen.

Ich laufe zum Bahnhof und springe gerade noch rechtzeitig ins letzte Abteil. Herr Borchert hat mir schon einen Platz freigehalten. Nach etwa fünf Minuten passieren
wir die Ostseerennbahn – die älteste Galopprennbahn
Deutschlands. Hier ritt man bereits 1822 um die Wette
und verjubelte dabei Haus und Kutsche. Zu DDR-Zeiten
hielt man davon nicht so viel. Inzwischen reiten sie wieder,
und die kiloschwere Hutmode treibt jedem anständigen
Mecklenburger Tränen in die Augen. Im Sommer findet
hier außerdem seit vielen Jahren die Zappanale statt – ein
Musikfestival zu Ehren Frank Zappas, das vor allem dadurch berühmt wurde, dass Frank Zappas Witwe Gail
den ehrenamtlichen Veranstaltern die Verwendung des
Zappa-Bartes als Logo verbieten wollte. Der Bundesge-
richtshof urteilte jedoch: Geiz ist nicht Gail – und wies
die Klage ab.

Während die Schmalspurstrecke größtenteils an Feldern entlangführt, dampft der oder die Molli (das ist in
den Eisenbahnwissenschaften noch umstritten) in **Bad
Doberan** mitten durch die enge Fußgängerzone. Schon
häufiger sah man etwas fülligere Menschen sich panisch
gegen eine Hauswand pressen, um nicht vom ausladenden
Tender skalpiert zu werden. Aber der Eindruck täuscht.
Die Lok hält mehr als genug Abstand. Dadurch sieht die
Fluchtaktion dann sogar noch lustiger aus.

Bad Doberan ist eine kleine Stadt mit einer sehr großen Kirche. Das Doberaner Münster ist ein *must see* für Freunde der norddeutschen Backsteingotik. Das Münster ist so etwas wie der Kölner Dom der Küste – nur in schön. Als sich Pribislaw 1164 Heinrich dem Löwen unterwarf, musste er die Gründung eines Klosters gestatten. Schon damals gehörten die Mecklenburger allerdings nicht gerade zu den frommsten Zeitgenossen. Hier wurde gern mit heidnischen Ritualen und allerlei Auswüchsen des Volksaberglaubens experimentiert. Aber Christianisierung ist nun mal kein Ponyhof. Die Zisterzienser gaben ihr Bestes und taten erst einmal, was die mittelalterliche Kirche besonders gut konnte: Ländereien in Besitz nehmen. Schon bald gehörte das Kloster Doberan zu den wohlhabendsten Institutionen des Landes. Das ist in Mecklenburg allerdings auch keine Kunst. 1232 entstand eine romanische Kirche, ab 1280 begann man mit dem heutigen Münster. Bereits 15 Jahre später stand der Rohbau. Das lag vermutlich daran, dass seinerzeit noch kein Fürst im Aufsichtsrat saß.

Infolge der Reformation wurde das Kloster schließlich aufgegeben. Das Münster aber blieb und wurde in den folgenden Jahrhunderten immer mal wieder teilweise zerstört und erneut aufgebaut. Vier Jahre nach der Französischen Revolution legte Hofgärtner Johann Friedrich um das Münster herum einen englischen Garten an – vermutlich als eine Art sarkastischen Seitenhieb. Bei Revolutionen ist man hier in der Gegend nämlich traditionell skeptisch. Was der Bauer nicht kennt ... Während sich nach der Revolution 1848 Länder und Fürstentümer überall im Deutschen Reich moderne Verfassungen gaben, haben die Großherzogtümer Mecklenburg-Schwerin und Mecklenburg-Strelitz bis 1918 schön alles so gelassen wie es war. Bloß keine Hektik. Dies bewog Otto von Bismarck angeblich zu seinem berühmten Ausspruch: »Wenn die Welt untergeht, so ziehe ich nach Mecklenburg, denn dort geschieht alles 50 Jahre später.« Manche Stimmen sagen, in Mecklenburg falle der Weltuntergang auch am wenigsten auf.

Bei der vorerst letzten Revolution hatte man es hier ebenfalls nicht so eilig. Im Herbst 1989 kam es vor, dass Autos mit Kennzeichen der drei Nordbezirke Rostock, Schwerin und Neubrandenburg im Süden der DDR nicht mehr betankt wurden – als Protest gegen die lahmarschige Entwicklung der Demonstrationen im Norden. In Wirklichkeit regte sich auch hier – meist unter dem Dach der Kirche – längst die Opposition. Nur nicht ganz so heldenstadtmäßig, sondern in vielen kleinen Gruppen. Man macht hier eben nicht um jeden Staatsuntergang gleich ein großes Brimborium.

Wir betreten die Kirche. Inzwischen kostet die Besichtigung ein bisschen Eintritt (bis zu zwei Euro), aber dieses Geld ist gut angelegt. Im Innern ist das Münster nämlich noch beeindruckender. Das hohe Kirchenschiff mit den klaren Formen und die angenehme sakrale Kühle führen sofort zu einer inneren Entspannung. Die reichhaltige hochgotische Ausstattung ist unter den Zisterzienserkirchen einmalig. Der Flügelaltar der älteste überhaupt. Auch allerlei fürstliche Grabanlagen sind zu besichtigen, denn bis Mitte des 16. Jahrhunderts diente das Münster als Grablegestätte des Herrschergeschlechts. Anhand der Plastiken von Albrecht III. (1338–1412) und seiner Frau Richardis auf ihrer Grabtumba[5] kann man gut erkennen, wie klein die Menschen früher waren. Damals konnten eigentlich alle in der Kinderabteilung einkaufen.

Obwohl ich nicht das erste Mal hier bin, gibt es doch immer wieder etwas zu entdecken. Heute entdecke ich ein enttäuschtes Stuttgarter Ehepaar. Ich ahne schon, warum sie so unglücklich sind. Viele Menschen kommen extra in das Münster, um die von unserem unvergessenen Loriot gestiftete Bülow-Kapelle zu besichtigen. Aber bei dem großzügigen Stifter von 1372 handelte es sich wohl um einen anderen Vicco von Bülow. Obwohl man zugeben muss, dass Loriot wirklich sehr alt geworden ist. Ich will die beiden Stuttgarter trösten und schlage ihnen als historisches Alternativ-Highlight eine Fahrt mit der Molli vor. »Und der Bahnhof ist hier auch noch nicht untertunnelt«, füge ich hinzu. Die Frau fängt sofort an zu weinen. Ihr Mann führt sie kopfschüttelnd von mir weg. Tja, diese Wutbürger.

In der Nähe der Kirche, auf der anderen Seite der kleinen Straße, sind noch Klosterruinen zu besichtigen, aber Herr Borchert und ich haben Hunger. Wir gehen zum Kamp, einem kleinen Stadtpark im Zentrum, und genehmigen uns im Weißen Pavillon eine Sanddorntorte. Die extrem vitaminhaltigen Beeren sind eine echte Ostseespezialität und ein beliebtes Mitbringsel für Besuche bei fortgezogenen Landsleuten. Eine namhafte Minder-

---

5   Erklärung bitte selbst googeln.

heit behauptet allerdings eisern, in Sanddornprodukten schwinge geschmacklich einen gewisser Hauch von Erbrochenem mit. Ich selbst will das weder bestätigen noch dementieren.

Eine Hochzeitskutsche hält am Parkrand. Hier in der Gegend fährt man gerne in den Hafen der Ehe ein, denn Gutshäuser und Strandhotels halten mannigfaltige romantische Angebote für den teuersten Tag des Lebens bereit. Diese Kutsche ist allerdings leer. Der Fahrer eilt in den Pavillon und bestellt hektisch einen dreifachen Espresso Double to go. Ich frage ihn augenzwinkernd, ob ihm die Braut davongelaufen sei. Er antwortet fahrig, dass er seit heute früh 14 Brautpaare durch die Landschaft kutschiert habe und nun noch ein letztes Paar aus Rostock abholen müsse. Die Zeit wäre bereits etwas knapp und darum möge ich doch bitte meine unqualifizierte Klappe halten. Ich spendiere ihm den Espresso und eine Packung Betablocker für den Feierabend. Im Gegenzug nimmt er uns mit nach Rostock.

Auf der Fahrt über die Dörfer redet der Kutscher ohne Unterlass. Von der neugeschaffenen Pastorenskulptur in der Kirche Hanstorf, die nach Protesten umgearbeitet werden musste, weil es so aussah, als würden zwei Kinder dem Pastor in den Genitalbereich greifen. »Sozusagen theologischer Realismus, wenn ihr versteht, was ich meine«, sagt er. Er spricht von den hohen Haferkosten (»Der Spritpreis des Kutschers ...«) und den vielen Schlaglöchern (»Und dafür bezahle ich Steuern!«). Herr Borchert scheint angesichts des predigenden Maschinengewehrs ernsthafte Suizidgedanken zu hegen. Der Kutscher ist im Vergleich zu meinem Reisebegleiter so etwas wie eine Jahrhundert-flut. Bei ihm fallen mehr Wörter in einer Stunde als bei Herrn Borchert in einem ganzen Monat. Dabei sind beide ganz offensichtlich typische Mecklenburger. Nimm das, MeckPomm-Klischee!

Endlich sehe ich die Silhouette meiner Heimatstadt. **Rostock!** All die Erinnerungen! Meine erste Liebe, mein erster Kuss, mein erstes Beratungsgespräch zur Altersvor-sorge! Wie lange bin ich schon nicht mehr hier gewesen! Neun Tage bestimmt. Vielleicht sogar etwas weniger. Ich bin gespannt, was sich alles verändert hat. Denn diese pulsierende Metropole schläft nie. Da eröffnet ein neu-er Handyladen, hier schließt ein Theater. Dort macht ein Club zu, hier keiner auf. Heute noch ein Stadthafen voller historischer Schiffe, morgen schon nicht mehr. Hier ist alles im Fluss. Verrückt!

Auf dem Weg in die Innenstadt winken mir immer wieder Passanten freudig zu. Einige klatschen sogar. Ich bin erstaunt. Zwar weiß ich natürlich, dass unser Kabarett hier in Rostock nicht ganz unbeliebt ist. Aber hey, so lan-ge war ich ja nun auch wieder nicht weg! Erst als mich der vietnamesische Besitzer des China-Imbisses bei mir um die Ecke fröhlich mit einer großen Portion Reis bewer-fen will, begreife ich, was los ist: Die Leute halten Herrn Borchert und mich für ein frisch getrautes Ehepaar. Und das sorgt in MV nach wie vor noch für eine gewisse Auf-regung. Dabei ist in Rostock die einzige etwas größere schwul-lesbische Szene Mecklenburg-Vorpommerns zu finden. Zum jährlichen Christopher Street Day hisst die Stadt für zwei Wochen sieben Regenbogenfahnen vor dem Rathaus. Inzwischen ziehen andere Städte langsam nach. Als Herr Borchert die Situation ebenfalls durchschaut, möchte er – das sehe ich ganz genau – schlagartig verstummen. Doch das geht nicht, denn er hat ja sowieso schon seit Stunden nichts mehr gesagt. Wir stehen direkt vor meinem Haus. Ich springe ab und der Kutscher schießt mit einem innerlich emigrierten Herrn Borchert davon.

Blücher, Goethe und der Akkordeon-Opa

Endlich wieder eine Nacht in den eigenen vier Federn! Ich habe natürlich trotzdem kein Auge zugemacht und lag stundenlang grübelnd wach. Hat dieser ganze Trip bisher eigentlich irgendetwas gebracht? Sollte ich das alles wirklich fortsetzen? Bisher habe ich für dieses Bundesland jedenfalls noch nicht einmal einen halbwegs annehmbaren Slogan gefunden. Und auch in meinen eigenen Angelegenheiten bin ich kein Stück weitergekommen. Wie auch? Immerhin gibt es über 1.500 Gutshäuser und Schlösser in Mecklenburg-Vorpommern. Die Junker haben diese Dinger damals am laufenden Band gebaut. Und ich habe jetzt den Ärger. Aber es ist wohl meine einzige Chance.

Ich rufe Herrn Borchert an und sage ihm: »Herr Borchert, hier bin ich aufgewachsen, heute bin ich mal der Fremdenführer für Sie!« Er fragt, ob er ihn veralbern wolle. Ich schweige eine Minute, dann antworte ich mit Nein. Diese Anspielung hat er offenbar verstanden und willigt ein. Anderthalb Minuten später steht er vor meiner Tür.

So schnell hatte ich nicht mit ihm gerechnet. Ich habe es ja noch nicht einmal geschafft, kurz in meine Heimatzeitung zu schauen, deren letzte Ausgaben sich neben den ungeöffneten Briefen bei mir im Flur stapeln. Aber sobald das Wetter etwas schöner wird, sehen die Titelseiten hier sowieso jeden Tag gleich aus: Jeweils zwei sehr junge Eis essende Strandschönheiten im Bikini gucken fröhlich in die Kamera, Bianca (19) aus Zschopau freut sich über das tolle Frühsommerwetter, ihre Freundin Sabrina (24) pflichtet ihr bei und will heute »auf jeden Fall« noch einmal baden gehen. Mit halbem Blick sehe ich noch die Meldung, dass eine mehrtägige Suchaktion nun ergebnislos abgebrochen wurde. Man hat wohl eine unbemannte, auf dem Wasser treibende Luftmatratze gefunden, auf der am Abend zuvor noch jemand geschlafen haben soll. Leichtsinn, wohin man guckt.

Wir spazieren in Richtung City. Rostock ist eine stolze Hansestadt und das wirtschaftliche Zentrum des Landes. Noch heute tragen die Einheimischen das Selbstbewusstsein der einst so erfolgreichen spätmittelalterlichen Kaufleute und die offene Weltläufigkeit einer bedeutenden Hafenmetropole in ihren Herzen. Wenn sie trotzdem etwas missmutig wirken, dann nur, weil sie sich immer noch darüber ärgern, dass 1990 das verschlafene Schwerin Landeshauptstadt geworden ist.

2018 feiert man das 800-jährige Bestehen der Stadt. Zum Geburtstag will sie sich eigentlich ein neues Theatergebäude schenken, denn das jetzige Große Haus des

Volkstheaters war schon in den 1940er-Jahren nur als eine Übergangslösung gedacht, nachdem britische Bomber das Stadttheater 1942 zerstört hatten. Vor allem die Arbeitsbedingungen für die Künstler sind katastrophal. Der Orchestergraben zum Beispiel gleicht, was die Temperatur angeht, schon nach wenigen Minuten einem burmesischen Dschungelgefängnis. Ob bis 2018 wirklich ein neues Haus steht, ist angesichts allgemeiner Finanznöte allerdings fraglich. Aber die Rostocker wollen das Theater und sind bereit, dafür zu kämpfen! Solange sie nicht selbst in eine der Vorstellungen müssen. Die Zuschauerreihen des Volkstheaters sind jedenfalls nichts für Leute, die schlecht mit Einsamkeit umgehen können. An den Stücken liegt es allerdings nicht ... immer.

Wir erreichen den Neuen Markt und blicken auf das Rathaus. Ein Bau aus dem 13. Jahrhundert, der in den Folgejahrhunderten allerlei glückliche und weniger glückliche Anbauten zu erdulden hatte. Sieben Giebel thronen auf dem Rathaus, denn die Sieben ist die Rostocker Zahl. Sieben Kirchen hatte die Stadt, durch sieben Stadttore konnte man hinein- und hinausgelangen, sieben Straßen führten zum Marktplatz und von ihm weg – klingt wie ein Song von Peter Maffay. »Der ist von Karat«, sagt Herr Borchert. »Das war immerhin die siebtbeliebteste Band der DDR.«

Auch der hiesige Oberbürgermeister wird alle sieben Jahre gewählt. Die Länge der Wahlperioden richtet sich ja nach der Bedeutung des Amtes. Meist sind das vier Jahre (Bundestag, US-Präsident), bei wichtigen Ämtern auch mal fünf (Bundespräsident, UNO-Generalsekretär). Sieben Jahre sind hingegen nur den Allerwichtigsten vorbehalten, zum Beispiel den Oberhäuptern von Kamerun, Äquatorialguinea und eben Rostock.

In der Mitte des Marktplatzes befindet sich seit einigen Jahren ein etwas merkwürdiger Brunnen: vier griechische Göttergestalten, die einander den Rücken zuwenden und in die vier Himmelsrichtungen schauen. Ein Gott guckt melancholischer als der andere. In der Mitte steht eine hohe Säule, gekrönt von einer Möwe. Mühsam und spärlich rinnt das Wasser an der Säule herunter. Es ist vermutlich der trostloseste Brunnen Nordeuropas. Es gibt jedoch Leute, die diesen irritierenden Anblick genau deshalb für bemerkenswerte Kunst halten. Zum Beispiel ich. Sogar Herr Borchert sagt anerkennend: »Na ja.« Doch viele Rostocker wurden mit dem Möwenbrunnen in den ersten Jahren nicht so richtig warm. Man verübte sogar Anschläge gegen ihn: Mit großem Aufwand wurde etwa die 2,50 Meter hohe Statue des Meeresgottes Proteus gestürzt und dabei weitgehend zerstört. Vielleicht war es aber auch nur ein gescheiterter Raubzug von dreisten Buntmetalldieben, denn seit Jahren verschwinden im ganzen Land Zäune, Denkmäler und sogar Kirchenglocken, um irgendwann als Straßenbahnweichen wieder zurückzukehren. Seit der Restaurierung des Brunnens begnügen sich die ortsansässigen Vandalen jedenfalls damit, regelmäßig den Dreizack des Neptun zu verbiegen. Selbstverständlich gab es auch eine Unterschriftenaktion, weil die etwas unhappy dreinschauenden Götter bei Touristen Depressionen auslösen könnten. Urlaubern sind offenbar keine Brunnen zuzumuten, die nicht wenigstens *ein* lachendes Wildschwein abbilden.

Auch in Rostock ist alles voller Backsteingotik. Hinter den historischen Giebelhäusern an der Nordwestseite des Platzes ragt die Marienkirche empor, der mächtigste Sakralbau der Stadt, der 1454 seine heutige Gestalt erhielt. Hier betete einst Pastor Joachim Gauck dafür, später einmal Bundespräsident werden zu können. Anders als viele denken, gehörte Gauck nicht zu den Dissidenten der ersten Stunde. Er trat erst öffentlich oppositionell in Erscheinung, als die Proteste bereits in Gang waren. Doch dann wurde er schnell zu einer Identifikationsfigur. Auf Tonbandaufnahmen von damals ist zu hören, wie souverän und sogar humorvoll Gauck zu den Menschen in der Marienkirche sprach. In der ersten Zeit des Wendeherbstes schickte die Staatsmacht noch Genossen und Stasileute in die Kirchen, die als normale Gottesdienstgäste verkleidet möglichst viele Plätze besetzen sollten. Gauck ließ dies nicht unerwähnt und strahlte dabei eine innere Ruhe und mecklenburgische Gelassenheit aus, die wohl vielen der anwesenden echten Reformwilligen die Angst vor den staatlichen Kirchenbesetzern nahm. Von der Marienkirche und von der Petrikirche in der östlichen Altstadt gingen am 19. Oktober 1989 die berühmten Montagsdemonstrationen aus, die in Rostock allerdings am Donnerstag stattfanden. Man hatte diesen Tag allen Ernstes deshalb gewählt, weil donnerstags das (West)-Fernsehprogramm am schlechtesten war. »Wenn es danach geht, müsste ja jetzt jeden Tag Revolution sein«, mault Herr Borchert.

Die bedeutendste Sehenswürdigkeit der Marienkirche ist die große astronomische Uhr aus dem Jahr 1472. Sie ist so berühmt, dass sie sogar eine eigene Website hat (www.astronomischeuhr.de). Nur eine Facebook-Fanpage fehlt. Schade. Wie soll ich ihr nun mitteilen, dass sie mir gefällt? Immerhin ist sie weltweit das einzige Exemplar, das noch heute mit dem mittelalterlichen Originaluhrwerk exakt funktioniert. Sie zeigt nicht nur Minute und Stunde, sondern auch Tag und Mondphase an. Die Monate wiederum werden durch typische Motive repräsentiert: Im Mai bringt ein Bauer die Saat aus; im Dezember schlachtet er ein Schwein; im Januar wird es von einem vornehmen Herrn verspeist – es ist eine recht maskulin geprägte Uhr. Diverse andere Zeiger, Umläufe und Kalenderblätter geben unzählige weitere Informationen über den aktuellen Tages- und Weltenlauf. Doch kaum hat man sie einigermaßen abgelesen, ist schon wieder alles anders. Es ist ja bekanntlich nichts so alt, wie das Zifferblatt von gestern.

Ich frage Herrn Borchert, wie spät es ist. Wir haben ein wenig die Zeit vertrödelt und müssen weitergehen. Vom Marktplatz führt eine lange Fußgängerzone durch die Innenstadt – die Kröpeliner Straße (»Kröpi«). Hier laden viele ortstypische und einmalige Spezialgeschäfte zum Einkaufsbummel ein: Nanu-Nana, C&A, Pimkie, Peek & Cloppenburg, Tschibo und mehrere Dutzend Backshops. Etwa auf halber Strecke des Boulevards liegt der Universitätsplatz. An der Westseite steht das Hauptgebäude der Universität, eine schöner Neorenaissancebau aus dem 19. Jahrhundert, in dem Einheimische und Urlauber gern unerlaubt auf Toilette gehen. Die 1419 gegründete Alma Mater ist die drittälteste Hochschule Deutschlands und hat viele berühmte Absolventen hervorgebracht, von denen mir jetzt allerdings gerade keiner einfällt.

Direkt vor dem Gebäude steht die Statue von Feldmarschall Gebhard Leberecht von Blücher. Ihre Entstehungsgeschichte lässt kein Reiseführer aus. Immerhin war es ein gebürtiger Rostocker (»Marschall Vorwärts«), der Napoleon bei der Schlacht von Waterloo gemeinsam mit irgendeinem vergessenen Engländer den endgültigen Garaus machte. Ohne ihn hätten ABBA niemals den Grand Prix Eurovision de la Chanson gewonnen. So überraschte es niemanden, dass die Zeitungen im Jahr 1814 die geplante Errichtung eines Blücher-Denkmals in Rostock vermeldeten. Der Fürst bedankte sich daraufhin gerührt bei den hiesigen Stadträten. Diese wussten allerdings überhaupt nichts von einem Denkmal. Die Zeitungen hatten diese Nachricht nämlich frei erfunden. Damals machten Zeitungen so etwas noch. Eine ziemlich peinliche Situation! Zwar wurde Blücher schon langsam etwas wunderlich – er erwähnte zum Beispiel hin und wieder, von einem Elefanten schwanger zu sein –, doch diese Enttäuschung wollte man ihm ersparen und gab schnell eine Bronzefigur in Auftrag. Nur ein schöner Spruch fehlte noch. Diesmal war den Stadtvätern das Glück hold. Goethe hatte gerade zeitliche Vakanzen und sich außerdem just vom Napoleon-Fan zu dessen Gegner gewandelt. Ich muss die leicht verwitterte Widmung auf dem Sockel eine Weile suchen, dann finde ich sie: »In Harren / Und Krieg / In Sturz / Und Sieg / Bewußt und groß / So riß er uns / Von Feinden los.«

Hm. Also, wenn man nicht wüsste, dass es von Goethe ist ... Klingt ein bisschen nach Poesie-Album. Wahrscheinlich erledigte solche Arbeiten ohnehin ein unbezahlter Praktikant für den Dichter. Manchmal glaube ich, ich mache mir wegen des MV-Slogans viel zu viele Gedanken.

In der Mitte des Universitätsplatzes befindet sich seit 1985 ein weiteres Wahrzeichen der Stadt: der Brunnen der Lebensfreude. Er wird wegen seiner Darstellung fröhlicher Nacktheit von den Einheimischen auch subtil »Pornobrunnen« genannt. Hier suhlen sich auch endlich die Bronzefiguren fröhlicher Wildschweine. Einige Meter weiter steht der »Akkordeon-Opa«. Seit Jahrzehnten spielt der bald 100-Jährige mit seinem Instrument und allerlei Klimbim als Straßenmusikant in Rostock und ist hier vermutlich berühmter als Blücher und Goethe zusammen. Hartnäckig hält sich das Gerücht, der schmächtige Mann sei längst Millionär. Und das ist nicht die einzige Legende, die sich um ihn rankt. Immer wieder behaupten Menschen, der Musiker spiele gleichzeitig in der Rostocker Innenstadt und im Ostseebad Warnemünde. Und es stimmt: Egal, wo man hinkommt, Michael Tryanowski ist schon da. Ich würde ihm gern etwas Geld geben, aber ich habe heute nur einen Zehn-Euro-Schein. Herr Tryanowski hat noch kein Kleingeld. Er nimmt die zehn Euro und verspricht, mir demnächst das Wechselgeld zurückzugeben.

Es wird langsam spät. Was sollte ich Herrn Borchert noch zeigen? Das Kloster zum Heiligen Kreuz hinter dem Universitätsgebäude? Oder gehen wir in die KTV – das Rostocker Szeneviertel, wo Spaß und Gentrifizierung wirklich großgeschrieben werden? Vielleicht lieber zum Ostseestadion, der Heimat des F.C. Hansa Rostock, das jetzt DKB-Arena heißt? 15 Millionen Euro brachte die Umbenennung dem Verein. Vor lauter Freude stieg er umgehend aus der Ersten Bundesliga ab und kämpfte schließlich sogar um den Klassenerhalt in Liga drei. Rostocks ganz eigene Bankenkrise. Doch noch immer sind die Hansa-Fans bekannt für ihre liebevolle Fanlyrik, wie etwa bei den legendären Derbys gegen Energie Cottbus (na ja, eigentlich sind alle Spiele gegen ostdeutsche Mannschaften hier Derbys): »Unsre Farben weiß und blau / Sind wichtiger als jede Frau / Wir haben einen Hassgegner / Und zwar die schwulen Lausitzer / Scheiß Energie / Scheiß Energie.« Formenstrenge im Versmaß paart sich hier mit einer gewissen Reimflexibilität (»Lausitzer« auf »Hassgegner«) und genretypischer Homophobie.

Vom Stadion aus wäre auch der Zoo nicht weit. Hier wurde kürzlich das Darwineum eröffnet – eine große Ausstellung zur Entstehung der Erde mit Tropenhalle und Affenhaus. Es gibt Leute, die allen Ernstes behaupten, man kann 28 Millionen Euro auch für sinnvollere Sachen ausgeben. Ein Besuch lohnt sich trotzdem.

Wir könnten auch nach Rostock-Reutershagen in die Kunsthalle fahren, wo es inzwischen wieder spannende zeitgenössische Ausstellungen gibt, seit ein heimischer Zahnarzt die Leitung als Hobby von der Stadt übernommen hat. Und immerhin war es der einzige Kunstmuseumsneubau der DDR überhaupt – wenn das Herrn Borchert nicht gefällt, weiß ich auch nicht. Es gäbe noch so viele andere Dinge zu besichtigen. »Sie haben die freie Auswahl, Herr Borchert!«, sage ich. Er nickt, dreht sich um und holt sich bei McDonald's einen McFish. Ich schaue ihn entgeistert an. Doch er sagt nur mampfend: »Wenn man schon mal an der Küste ist.«

Ich merke, es ist sinnlos. Wir gehen zum Stadthafen und schauen schweigend in den Sonnenuntergang. Kleine Segelboote auf dem Weg zur Ostsee fahren in die sinkende Sonne hinein. »Mecklenburg-Vorpommern – immer dem Untergang entgegen«, murmele ich, dann trennen sich unsere Wege. Ich sehe noch, wie Herr Borchert in die Schusslinie zweier Kubb-Mannschaften gerät, dann mache ich mich auf den Heimweg.

Windbeutel im Delirium
Tag 8: Warnemünde und die Rostocker Heide

Am nächsten Morgen treffen wir uns wieder im Stadthafen. Wir wollen nach Warnemünde, doch anstatt die S-Bahn zu nehmen, reisen wir mit einem Hafenrundfahrtsschiff über die Warnow dorthin. Welchen Anbieter man nimmt, ist eigentlich egal. Alle Schiffe gehören zu einer großen Rostocker Fährdynastie, der Familie Schütt. Der Kapitän erzählt hier noch persönlich und hat für jede mehr oder weniger interessante Sehenswürdigkeit einen indigenen Spruch auf Lager. Dazu trinkt man Kaffee und Schnaps oder isst eine Soljanka. Dieser süßsaure Lieblingseintopf der DDR-Bürger mit Salzgurken, Weißkohl, saurer Sahne und den Küchenresten der Saison ist nach wie vor auf vielen Speisekarten zu finden und meistens eine gute Wahl. Wer will, kann dann in **Warnemünde** aussteigen und eines der späteren Rundfahrtschiffe für die Rückreise nutzen.

Das Ostseebad gehört schon seit 1323 zur Stadt Rostock. Trotzdem bestehen die Einheimischen natürlich darauf, Warnemünder und nicht etwa Rostocker zu sein.

Wenn es sie glücklich macht ... Obwohl Warnemünde zur Saison voller Touristen ist, hat es sich mit seiner Mischung aus Seefahrerörtchen und bürgerlicher Bäderarchitektur einen besonderen Charme bewahrt, den auch sämtliche Jack-Wolfskin-Läden und bayerischen Imbissbuden nicht kaputt bekommen. Wir gehen über die kleine Brücke, die den Alten Strom überquert. In der Mitte der Brücke hole ich mir mein Wechselgeld vom Akkordeon-Opa zurück. Verliebte können hier etwas wahnsinnig Originelles machen, nämlich mit ihren Namen versehene Vorhängeschlösser am Brückengeländer befestigen und den Schlüssel danach gemeinsam verschlucken. Diese europaweite Mode ist inzwischen das Herz-in-den-Baum-Einritzen des 21. Jahrhunderts geworden. Ersten Hochrechnungen zufolge wird die Brücke durch das Gewicht der Schlösser etwa 2018 einstürzen.

Der weiße Strand in Warnemünde ist so breit wie die Mecklenburger bei Nacht. Egal wie viele Badegäste hierherströmen, jeder findet seinen Platz. Aber auch im Winter gehören Strand und Promenade zu den Topadressen in Sachen Spaziergang. Wie die Rostocker Innenstadt ist auch Warnemünde fest in der Hand von Backshops mit Sitzmöglichkeit, die zu akzeptablen Preisen Torten und belegte Brötchenkreationen mit zweifelhaften Namen anbieten (»Scharfer Segler«, »Bären-Knacker« und, und, und ...). Eine besonders schöne Aussicht über den ganzen Ort hat man aber im Café Panorama des Neptun-Hotels. Das Neptun prägt seit 1971 die Skyline Warnemündes und war schon zu DDR-Zeiten Anziehungspunkt für die Reichen und Schönen. Prominente Gäste wie Willy

Brandt, Fidel Castro und Roberto Blanco gingen hier so oft ein und aus, dass die Stasi-Abhörwanzen glühten.

Wer nur ins Café will, geht schnurstracks zu den Fahrstühlen und fährt nach ganz oben. Das Panorama ist wirklich sensationell. Bei guter Sicht kann man – natürlich – sogar bis nach Dänemark gucken. Währenddessen kommt eine Fachgastronomin der ganz alten Schule mit dem Kuchenwagen angerollt, um dem Gast einen gigantischen Windbeutel (eine Art Hamburger aus Schlagsahne) schmackhaft zu machen. Diese einmalige Mischung aus Weitblick und zeitmaschinenartiger Spießigkeit ist die 5,30 Euro für ein Kännchen Kaffee allemal wert. Herr Borchert ist leider nicht mitgekommen, er wollte sich lieber in der untersten Etage an der Schlange zum Goldbroiler-Restaurant anstellen (»Wie früher«, sagte er). Als ich ihn nach meiner verlustreichen Schlacht gegen den Windbeutel unten wiedertreffe, frage ich ihn, ob der Broiler immer noch so wie damals schmecke. Er antwortet überrascht, das wisse er doch nicht. Er habe sich nur noch einmal *anstellen* wollen, von Essen habe niemand etwas gesagt.

Am Strand vor dem Hotel begegnet mir der coole Surfertyp wieder. Diese Stelle am Hauptrettungsturm (Turm 3) ist so etwas wie das Hawaii Rostocks. Hier trifft sich die lokale Surfelite und wartet auf die sogenannte Fährwelle, die entsteht, wenn eine der großen Dänemark- oder Schwedenfähren in den Warnemünder Hafen einläuft. Nach fünf Minuten ist der Spaß vorbei, dann muss man wieder ein paar Stunden warten. Der Mecklenburger ist eben traditionell genügsam. Der coole Surfertyp steht schon seit dem frühen Morgen für die erste Welle in den Startlöchern. Er freut sich über das Wiedersehen. Ich stelle ihm Herrn Borchert vor und erzähle den beiden nun doch von dem Rosenstolz-Video, wahrscheinlich, weil ich seit dem Windbeutelmassaker nur noch an Sahne denken kann. Die beiden sind fassungslos. Ausgerechnet Herr Borchert ist der Erste, der wieder etwas sagen kann. Er sagt: »Ich glaube, die Fähre hat gerade festgemacht.« Da haben wir uns wohl etwas verquatscht. Der coole Surfertyp dreht sich erschrocken zum Meer um, wo seine Funsportkollegen gerade mit der letzten Welle zurück ans Ufer gleiten. Sie sehen sehr glücklich aus. Unser Gesprächspartner ringt um Fassung. Aber wie singen Rosenstolz? »Manchmal muss das Leben wehtun.«

Wir hingegen müssen weiter. Mit der Fähre setzen wir auf die andere Seite der Warnowmündung über. Hier steht besagte Yachthafenresidenz Hohe Düne, die Arbeitsbeschaffungsmaßnahme für Rostocker Staatsanwälte. Hinter dem kleinen Ort Markgrafenheide beginnt die **Rostocker Heide**, ein ausgedehntes Waldgebiet mit einer zusammenhängenden Fläche von etwa 6.000 Hektar (zum Vergleich: Das ist ungefähr das 5.172-Fache der Wismarer Werfthalle). Ich will heute noch bis zum Ostseeheilbad Graal-Müritz. Das wird knapp! Doch vor uns hält auf einmal ein Jeep der Feldjäger. Vielleicht nehmen uns die Militärpolizisten ein Stück mit?

Hohe Düne ist ein großer Standort der Bundesmarine. Stolz verweist man hier auf die Standorttradition seit 1913. Die deutschen Seestreitkräfte mit ihren schicken Uniformen waren offenbar bisher in jedem Krieg die Guten. Zuletzt wurden von hier aus Fregatten wie die Mecklenburg-Vorpommern zur Piratenbekämpfung am Horn von Afrika eingesetzt. Ist es wohl ein Zufall, dass eines der modernsten deutschen Kriegsschiffe den Namen dieses Bundeslandes trägt? Nein! Denn es versenkt die Feinde wie wir die EU-Fördermittel, nämlich schnell und auf Nimmerwiedersehen. Verwirrend ist nur, dass die Mecklenburg-Vorpommern eine Fregatte der Brandenburg-Klasse ist – wer soll da noch durchblicken?

Die Feldjäger sind auf der Suche nach einem ausgebüchsten Stabsgefreiten, der seine Berufswahl nach Erhalt des Einsatzbefehls schlagartig kritisch hinterfragt hat. Tatsächlich ist mir am Warnemünder Fähranleger ein Mann in Uniform aufgefallen, der nervös umherblickend von dannen schlich. Als uns die Feldjäger fragen, ob wir jemanden gesehen hätten, halte ich es daher für meine staatsbürgerliche Pflicht, die Militärpolizisten in die entgegengesetzte Richtung zu führen. Ich beschreibe ihnen präzise die weit entfernte Stelle tief im Wald, wo wir eine verdächtige Gestalt bemerkt hätten. Herr Borchert will zwar gegen diese kleine Flunkerei protestieren, doch die Aussicht auf den ersparten Fußweg zum Ostseebad lässt ihn verstummen. An besagter Stelle im Wald schenken uns die Feldjäger zum Dank noch ein Schlüsselband mit dem aktuellen Slogan der Bundeswehr: »Wir. Dienen. Deutschland.« So, so.

Wir sind wieder auf uns gestellt. Die Rostocker Heide ist durchzogen von Wegen, Pfaden und Wassergräben. Wegweiser und Wandermarkierungen sorgen für eine idiotensichere Orientierung. Nach einer halben Stunde haben wir uns verlaufen. Wir irren stundenlang durchs Naturschutzgebiet. Mein Handy hat zwar GPS-Empfang – aber unter dem dichten Blätterdach des Spätfrühlings ist da nichts zu machen. Immer wieder begegnen wir Rotwild, Füchsen und sogar Wildschweinen. Als es langsam dunkel wird, scheinen sie nicht mehr vor uns flüchten. Vielmehr folgen sie uns in sicherem Abstand. Ich glaube nicht, dass das ein gutes Zeichen ist. Auch Wölfe sollen hier mal gesichtet worden sein, fällt mir ein. Inzwischen sind wir ziemlich ausgehungert und haben noch immer keine Vorstellung, wo wir sind. Vielleicht in der Nähe des **Jagdschlosses Gelbensande,** der Sommerresidenz des mecklenburgischen Großherzogs Friedrich Franz III. (1851–1897)? Das wäre super, denn erstens hat in dem Schloss einst ein echter Kaisersohn geheiratet und zweitens ist dort sonntags immer Schlossbrunch.

Oder sind wir daran schon vorbeigelaufen? Dann käme als nächstes die Kleinstadt **Ribnitz-Damgarten.** Das wäre schlecht. Denn dort gibt es zwar ein interessantes Bernsteinmuseum, aber von einem Bernsteinbrunch ist mir nichts bekannt. Ribnitz-Damgarten hat auch noch aus einem anderen Grund traurige Berühmtheit erlangt. Nicht weil mitten durch den Ort die Grenze zwischen Mecklenburg und Vorpommern verläuft (sozusagen das Istanbul des Nordens). Nein: Hinter der Stadt endete früher der Westfernsehempfang! Nicht nur Dresden, auch weite Teile Vorpommerns gehörten zum Tal der Ahnungslosen. Das hat das Verhältnis zu meiner Oma in Stralsund (Vorpommern) seinerzeit schwer belastet, vor allem während meiner westfernsehenlosen Aufenthalte in den Sommerferien.

Mittlerweile ist es stockdunkel. Gegen Mitternacht stellen wir die gegenseitigen Schuldzuweisungen ein. Herr Borchert schlägt vor, langsam in den Bereich Wahnvorstellungen überzugehen. Ich bin dabei. Wir treffen die Feldjäger wieder. Doch sie haben keine Zeit für uns, weil sie gerade zu Fuß eine richtig heiße Spur verfolgen, denn: Sie. Dienen. Deutschland.

Es ist nicht ganz ungefährlich hier, in der Heide gibt es auch größere Moorgebiete. Und dort sind schon ganz andere versunken. Moorleichen zum Beispiel. Also, bevor sie Leichen waren. Plötzlich stehen wir direkt vor dem Meer. Endlich! Erschöpft fallen wir in den Sand. Wir haben sehr viel Blut verloren, denn in den Feuchtgebieten lauern dunkle Mückenschwärme auf verirrte Seelen. Herr Borchert kriecht in Richtung Wasser. Er will einen Fisch für uns fangen. Ich versuche, ihn zurückzuhalten, doch mir fehlt vor lauter Hunger die Kraft dazu. Herr Borchert ist schon fast in der Ostsee, als ich eine vertraute Glocke höre. Ein Langnese-Verkäufer schiebt seinen Eiswagen an uns vorbei. Er ist ein bisschen grummelig, weil er die Spätschicht abbekommen hat. Wir kaufen seine Restbestände vollständig auf. Die ersten beiden Magnum-Mandel vertilge ich am Stück, einen Ed von Schleck lege ich mir für später zurück, ehe ich selig mit einem Flutschfinger im Mund einschlafe: »Mecklenburg-Vorpommern. Wir. Schlafen. Länger.«

Kulinarische Spezialitäten

Freunde anspruchsvoller Küche müssen in Mecklenburg-Vorpommern oft sehr tapfer sein. Es gibt eine Reihe guter Restaurants, aber sie sind schwer zu finden. Vegetarier sollten sich vorher informieren oder Stullen schmieren. Die Preise allerdings sind okay. Tipp: Bei eher mittelprächtig wirkenden Gaststätten möglichst klassische Hausmannskost wählen. Wirklich regionale Küche findet man allerdings selten. Das liegt natürlich auch daran, dass die meisten Menschen hier kaum etwas zu essen hatten. Bei Einheimischen beliebt sind etwa die folgenden Gerichte:

- Gebratene Scholle mit Kartoffeln und gewürfelten Zwiebeln.
- *Kak't Dösch* (Dorsch mit Senfsauce und Gemüse).
- Kartoffelprodukte jeglicher Art (Puffer, Suppe, Mus ...).
- Eintopf (Steckrüben-; Gemüse-; mit Birnen, Bohnen, Speck).
- Brötchen mit Rollmops.
- Mecklenburger Rippenbraten (Schweinebauch, Füllung mit Apfelstücken und Backpflaumen, Rotkohl, Kartoffeln).
- Joey's Pizza (diverse Sorten, eher in urbanen Milieus).
- Rügener Teewurststulle.
- Die 13 und die 27 mit Reis. (Die heimische und die chinesische Küche verbindet eine Vorliebe fürs Süßsaure.)
- Rote Grütze mit Vanillesoße.

Kranke Dichter, steile Küsten
Tag 9: Graal-Müritz und Fischland-Darß

Als ich aufwache, sind alle Eispackungen verschwunden. Auch Herr Borchert ist nicht mehr da. Ich liege mit meinem Schlafsack unmittelbar neben der Seebrücke von **Graal-Müritz**. Die war hier gestern Abend definitiv noch nicht, da bin ich ganz sicher. Dass sie nun hier steht, ist aber auch nicht gar so ungewöhnlich, denn die Seebrücke musste in der Vergangenheit sehr oft neu aufgebaut werden.

Das Seeheilbad Graal-Müritz ist vor allem dafür bekannt, dass es nicht an der Müritz liegt. Außerdem war es einer der Lieblingsorte von Franz Kafka. Das merkt man dem Seebad zum Glück nicht an, denn alles ist sehr hell und freundlich. Obwohl – wenn der große Rhododendron-Park gerade nicht blüht, haben die Sträucher mit ihrem dunklen, schweren Blattwerk schon etwas Düsteres. Doch jetzt, Anfang Juni, stehen alle 2.500 Exemplare in voller Pracht und versetzen den Spaziergänger in einen kostenlosen Rauschzustand erheblichen Ausmaßes. Rhododendron ist ja bekanntlich Opium fürs Volk.

Ich frage mich, ob es die Kafka-Lektüre irgendwie verändert, wenn man sich den Autor als Dauercamper auf dem großen Zeltplatz im Graal-Müritzer Küstenwald vorstellt. Aber dieses Areal wurde erst in den 1950er-Jahren eingerichtet. Für solche Eskapaden wäre Kafkas TBC[6] ohnehin schon zu sehr fortgeschritten gewesen. Er schlief daher in der Pension Glückauf, lernte hier mit Dora Diamant noch seine letzte Liebe kennen und starb nicht einmal ein Jahr später. Komisch, dass das Tourismusmarketing aus dieser Geschichte bisher kaum etwas gemacht hat. Fast niemand hier weiß davon. »Mecklenburg-Vorpommern – Land der letzten Liebe« – das klingt doch gar nicht schlecht. Und stimmt sogar ziemlich oft.

Bis heute ist Graal-Müritz ein beliebtes Ziel für Schriftsteller und Kurgäste aller Art und nicht zuletzt Erholungsort für viele Krebspatienten. Mein Onkologe mütterlicherseits erklärte mir einmal, dass hier wegen der Lage zwischen Wald und Meer ein besonders heilsames Klima herrsche.

Von den Rostockern wird Graal-Müritz gerne als Alternative zum Warnemünder Strand genutzt. Mit der Bahn ist man in gut 25 Minuten da. Kenner steigen bereits eine Haltestelle vorher in Torfbrücke aus, denn dort ist einer der vielen einschlägigen FKK-Bereiche an der Küste Mecklenburg-Vorpommerns. FKK gehört ja bekanntlich zu den ganz schlimmen Folgen des DDR-Regimes. Diese angebliche Freiheit war nämlich in Wirklichkeit nur ein

6   TBC: Lungentuberkulose. Nicht zu verwechseln mit PBC, der Partei
      Bibeltreuer Christen.

unbarmherziger Gruppenzwang, ein elterlicher »Nun stell dich nicht so an!«-Terror, eine Ersatzdiktatur der Nackten, die jeden zum Entkleiden zwang. Okay, vielleicht nicht nur, aber auch. Leider wird heute immer wieder verdrängt, dass der ostdeutsche Hang zur Freikörperkultur kein Ausdruck besonderer Offenheit war, sondern lediglich eine Folge des außerordentlich unattraktiven Bademode-Angebots. Wer West-Badehosen hatte, der wollte sie auch tragen. Da kann man jeden fragen.

Ich muss weiter, auch ohne Herrn Borchert. Doch ich bin unschlüssig. Soll ich lieber zum Freilichtmuseum Klockenhagen, in dem alte Bauernhäuser, Katen und frei umherlaufende Nutztiere im Originalzustand sowie *post mortem* (in der Gaststätte) zu besichtigen sind? Oder gleich weiter auf die Halbinsel Fischland-Darß-Zingst (meist einfach nur »Darß«, höchstens aber »Fischland-Darß« genannt)? Wenn ich auf die Überschrift dieses Kapitels gucke, ist die Sache eigentlich klar. Doch ich möchte das Schicksal entscheiden lassen. Ich warte einige Minuten auf das Schicksal, dann taucht ein Tandem aus dem Wald auf – mit nur einem Fahrer.

Es ist der männliche Part des Stuttgarter Paares aus dem Doberaner Münster. Er ist mir nicht mehr böse und berichtet, dass seine Frau gerade einen Nervenzusammenbruch erlitten habe, als sie auf dem Weg nach Graal-Müritz in Rostock durch den Warnowtunnel gefahren sind. Immerhin der erste privat finanzierte Straßentunnel Deutschlands. Die Gattin verbringt darum sicherheitshalber eine Nacht im Krankenhaus. Das Tandem wäre aber nun einmal reserviert und bezahlt gewesen, also wolle er es auch nutzen. Die Sache ist entschieden! Ich springe auf den hinteren Sattel, und wir fahren auf dem herrlichen Küstenradweg in Richtung Darß.

Die Halbinsel Fischland-Darß-Zingst ist etwa 45 Kilometer lang und trennt eine Reihe miteinander verbundener Lagunen (Darß-Zingster-Boddenkette) von der offenen Ostsee. An der schmalsten Stelle ist sie nur wenige Hundert Meter breit, die größte Ausdehnung beträgt etwa zwölf Kilometer. Sie gehört – in aller Bescheidenheit – zu jeder Jahreszeit in die Top Ten der deutschen Premiumdestinationen.

Als Erstes erreichen wir **Dierhagen**. Das Besondere an diesem Ostseebad ist, dass es als eines der wenigen nach 1990 keine Seebrücke gebaut hat. Seebrückenhasser werden hier einen der schönsten Ostseeurlaube überhaupt erleben. Wie in allen Ostseebädern gibt es auch hier im Sommer ein breites Veranstaltungsangebot. Auf einem Plakat steht »Der Ostseekasper kommt«. Viele Menschen haben bei dieser Puppentheater-Show das gleiche Gefühl wie beim Rostocker Akkordeon-Opa: Sie ist einfach überall. Egal, in welchen Küstenort man fährt, immer kommt der Ostseekasper gerade. Inzwischen habe ich das Rätsel allerdings durch eigene Recherchen gelöst. Es handelt sich beim Ostseekasper offensichtlich um ein ausgeklügeltes Franchiseunternehmen. Jedenfalls gibt es anders als beim Akkordeon-Opa drei Ostseekasper, die die gesamte Ostseeküste unter sich aufgeteilt haben.

Auch für die Großen ist in Dierhagen gesorgt. Am kleinen Boddenhafen können sich historisch Interessierte beim mehrwöchigen Dierhäger Mittelaltermarkt einmal ganz genau ansehen, wie es im Mittelalter garantiert nicht war.

Der Fahrradweg führt auf dem Deich weiter und ermöglicht den Blick auf das Meer. Kurz hinter Dierhagen überholt uns Egon Krenz. Mein Vordermann fällt fast vom Rad. Krenz hat hier seit vielen Jahren seinen Wohnsitz. Ich ärgere mich, dass ich keinen Stift dabei habe, um für Herrn Borchert ein Autogramm zu holen. Nicht viele Orte in Deutschland können von sich behaupten, Heimat ehemaliger undemokratischer Staatschefs zu sein. Die meisten bleiben ja oft nur ein paar Wochen für eine Krankenhausbehandlung.

Egon Krenz gehört zu den wenigen DDR-Funktionären, die nach 1990 eine Gefängnisstrafe absitzen mussten. Zum Ausgleich singen ihm inzwischen wieder Dierhäger Kindergartenkinder Geburtstagsständchen. Immerhin hat Krenz 1989 das Wort »Wende« erfunden, weshalb richtig echte Bürgerrechtler eher alle Biermann-Platten rückwärts hören würden, als diesen Begriff zu benutzen. Der Ex-SED-Chef ist inzwischen aber genug gestraft, denn nur Sekunden nach Bekanntwerden des Regierungsumzugs von Bonn nach Berlin erwarben ganze Delegationen oberster Bonner Besoldungsstufen alle verfügbaren Wochenendimmobilien in Dierhagen. Der neuen Elite entkommt Egon Krenz hier nicht.

Vor uns liegt **Wustrow**. Noch vor dem Ortseingang sieht man die ehemalige Ingenieurhochschule für Seefahrt, 1846 als Großherzogliche Mecklenburgische Navigationsschule gegründet und 1992 als künftige Ruine geschlossen. Seitdem ist es zu einer schönen Tradition

geworden, alle paar Jahre einen neuen Investor zu prä-
sentieren, der dann wieder abspringt. Zuletzt war hier
ein Gesundheits- und Präventionszentrum geplant. Falls
jemand noch eine Idee hat – Vorschläge werden gerne
angenommen. Auf dem Darß fehlen zum Beispiel noch
Großraumdiskotheken, Frauenfitnessstudios und Paint-
ballhallen. Oder für die etwas Mutigeren: In MV boomt
gerade der Indoor-Hanfanbau. Überall im Land werden
leerstehende Gebäude entdeckt, in denen unter künstli-
chem Licht beliebte Sorten wie der Schwarze Vorpommer illegal heranwachsen. Mit der Fläche, die in der
ehemaligen Seefahrtschule zur Verfügung steht, könnte
man zu einem führenden Player in Norddeutschland auf-
steigen.

Direkt neben dem Deich dreht sich das erste moderne
Windrad der DDR. Es ging tatsächlich am 3. Oktober
1989 ans Netz – genau ein Jahr vor der Wiedervereini-
gung. Wer hätte gedacht, dass wir während der friedlichen
Revolution auch noch die Energiewende erfunden haben?
Was haben die im Westen damals eigentlich die ganze
Zeit gemacht? »Gegen das Tempo-Limit auf der AVUS
demonstriert«, sagt mein Stuttgarter Reisegefährte.

Wustrow glaubt man noch heute, dass es einst ein be-
schauliches Fischerdorf war. In der neugotischen Back-
steinkirche erinnern große Schiffsmodelle an die Seefah-
rertradition des Ortes. Der Turm kann bestiegen werden
und bietet neben einem lohnenswerten Blick über Meer
und Bodden auch Gelegenheit für einen plötzlichen
Herzstillstand, wenn auf einmal das ohrenbetäubende
Glockengeläut beginnt.

Doch wir bleiben auf dem Küstenfahrradweg, denn unser Ziel heißt Ahrenshoop. Schon kurz hinter der Wustrower Seebrücke beginnt ein ganz spezieller Küstenabschnitt: das **Hohe Ufer**. Hier wird dem Urlauber noch einmal ordentlich Thrill für seine Kurtaxe geboten: brüchige Steilküste ohne Absperrung. Viele glauben nicht, dass so etwas in Deutschland möglich ist. Hier geht es locker 18 Meter hinab, schnell brechen Überhänge in bester Ice-Age-Manier unter den Schaulustigen weg, nachdem unzählige Mauersegler fröhlich die steile Wand perforiert haben. Auch für die Strandgäste ist es nicht ganz ungefährlich, wenn tolpatschige Spaziergänger auf sie niederregnen. Ein lebenswichtiger Tipp: Sollte ihr angeleintes Haustier über die Klippe springen, dürfen sie trotz des Naturschutzgebiets ausnahmsweise die Leine loslassen.

Gelegentlich fällt auch mal etwas Größeres hinab: Auf halber Strecke zwischen Wustrow und Ahrenshoop liegt zum Beispiel ein großer Betonbunker im Wasser. Als ihn die Nationale Volksarmee einst baute, war der Abgrund noch gut 50 Meter entfernt. Doch die Küste hat sich herangepirscht: Heute sind die Ruinen ein wunderbarer Spielplatz für lebensmüde Kinder.

In Ahrenshoop angekommen, spendiere ich uns erst einmal einen Grog[7] in der Buhne 12. Von dem Café aus den 1920er-Jahren, das direkt am Hochufer in den Dünen steht, hat man einen perfekten Blick über das Meer. Die Sicht ist heute tadellos. »Ist das da drüben eigentlich Dänemark?«, fragt der Stuttgarter. Als ich ihm antworten

---

7   Tee mit Rum. Eine Spezialität der Einheimischen ist die Variante ohne Tee.

will, klingelt sein Telefon. Es ist das Rostocker Krankenhaus. Seine tunnelphobe Frau hat offenbar mehrere Assis-
tenzärzte angegriffen, als diese sie in ein MRT schieben
wollten. Er will noch heute Abend zu ihr, obwohl damit
leider auch das längst bezahlte Pensionszimmer verfallen
würde. Schade, wir sind inzwischen so zusammengewach-
sen. Auch seinen Grog muss ich jetzt austrinken. Leicht
ramdösig schlendere ich zur Pension und checke unter seinem Namen ein. Ich bin mir sicher, er hätte es so gewollt.

Vegane Würstchen im Künstlerort

Tag 10: Ahrenshoop und Prerow

Ich sitze ausgeschlafen am Frühstückstisch, als die Pensionschefin mit dem gestern ausgefüllten Meldezettel zu mir kommt. Sie habe nachgesehen, aber einen Günter-Oettinger-Platz gebe es in Stuttgart offenbar gar nicht. Ich hatte natürlich keine Ahnung, wo mein Tandemkollege wohnt und deswegen irgendetwas eingetragen. Eine peinliche Situation. Ich entschließe mich zur Flucht nach vorn und rufe laut: »Das ist ja eine Unverschämtheit, wie man hier als Westdeutscher behandelt wird! Und dafür zahle ich Monat für Monat meinen Solidaritätszuschlag!«

Für einen Moment herrscht im gesamten Raum entsetzte Stille. Dann erhebt sich von den übrigen Tischen Applaus. Ein älterer Mann flüstert seiner Frau zu: »Endlich sagt's mal einer.« Zwei Gäste aus Frankfurt/Oder entschuldigen sich stellvertretend für alle Ostdeutschen bei mir. Die Chefin ist völlig überrumpelt. Verzweifelt stammelt sie: »Entschuldigen Sie, ich konnte ja nicht ahnen ...« – »Falsch!«, unterbreche ich sie und versuche, meine verzweifelte Imitation eines Westdeutschen noch einmal zu steigern, »*wir* konnten ja nicht ahnen! Sonst wäre hier 1990 einiges anders gelaufen!«

Mit großer Geste stürme ich aus der Pension. Das gibt mir mehr Zeit, diesen schönen Ort zu genießen. Bis ins späte 19. Jahrhundert war **Ahrenshoop** noch ein kleines vorpommersches Fischerdorf. Dann wurde es von Künstlern entdeckt. Schriftsteller und vor allem bildende Künstler kamen hierher und schufen ein kreativ-romantisches Flair, das noch heute die Grundstückspreise in die Höhe treibt. Wer durch die kleinen Straßen wandelt, gelangt schnell zu einer Galerie oder einem offenen Atelier. Regelmäßige Ausstellungen sind im Kunstkaten neben dem legendären Buch- und Kunsthandwerksladen Bunte Stube zu besichtigen. Zu einem überregionalen Leuchtturm soll sich das gerade erst eröffnete, golden glänzende Kunstmuseum entwickeln. Es zeigt vor allem Werke von Künstlern, die in Ahrenshoop tätig waren. Möglich wurde dies nur, weil neben Fördermitteln auch private Spenden von Stiftungen und Mäzenen in siebenstelliger Höhe zusammenkamen. Für MeckPomm-Verhältnisse ist das eine enorme und im Kulturbereich bis dahin unerreichte Summe.

Auch heute herrscht in Ahrenshoop wieder eine derart schöpferische Atmosphäre, dass ich glatt selbst Künstler werden könnte. Dass hier ein etwas anderer Geist weht, merkt man sogar an den Speisekarten. Es gibt nicht nur einige vegetarische Gerichte, sondern manchmal sogar vegane Würstchen! Kleiner Wermutstropfen: Sie sind absolut ungenießbar. Aber die Geste zählt. Zum Glück gibt es in jedem noch so malerischen Ostseebad inzwischen einen großen Supermarkt mit unattraktiver Parkplatzarchitektur und einer akzeptablen Angebotspalette für Picknickeinkäufe diesseits und jenseits aller Ernährungsdoktrinen.

Nirgendwo ist der Unterschied zwischen der Ostsee- und der Boddenküste besser zu erleben als in Ahrenshoop, denn hier ist die Halbinsel besonders schmal. Für den Weg zum Supermarkt wähle ich die Boddenseite. Das Wasser ist spiegelglatt. Am Horizont durchpflügen Windräder gemächlich den blauen Himmel. Bei guter Sicht kann man hier bis zum Vorpommerschen Festland schauen. Das ist allerdings auch nicht weit weg. Der windstille Pfad führt an beneidenswert schönen Häusern und Gärten vorbei. Nur abends kann es etwas nervig werden, weil die ganzen Nacktschnecken von den Uferwiesen in Richtung Gärten schleimen. Um diese Uhrzeit sollte man darum immer eine indische Laufente dabeihaben. Die fressen einem den Weg frei.

Nach dem Picknickeinkauf kann man dann zur Ostseeküste hinüberwechseln und sich ein schönes Plätzchen zum Verzehr suchen. Doch Vorsicht: Die Möwe schläft nicht! Die Ostseemöwen haben längst das Entwicklungsstadium überwunden, in dem sie noch freilebende Fische fangen mussten. Stattdessen fliegen einzelne Exemplare auf klar abgesteckten Routen Patrouille und halten nach essenden Menschen Ausschau. Sehen sie potenzielle Beute, erstatten sie ihrer Peergroup Meldung und landen zunächst in einiger Entfernung zu den Essenden, bis die erste Verstärkung eintrifft. In den nächsten Minuten versuchen sie, ganz unauffällig immer näherzukommen. Verscheuchungsgesten oder Ablenkungsfütterungen sorgen eher für zusätzliche Motivation. Um mich herum ziehen fünf Vögel den Kreis immer enger. Obwohl sie nicht angreifen, siegt irgendwann die Angst. Ich ergreife die Flucht und kann beobachten, wie die Möwen laut kreischend um die verbliebenen Krümel streiten. Immer wieder kommt es sogar vor, dass Urlaubern ihr frisch gekauftes Fischbrötchen direkt aus der Hand gestohlen wird. Deswegen gehen hier sehr kleine Kinder niemals als Fischbrötchen verkleidet zum Fasching.

Die Küstenstraße führt von Ahrenshoop aus eher boddenseitig über Born und Wieck nach Prerow. In Wieck ist ein Besuch der **Darßer Arche** empfehlenswert, in der eine große multimediale Ausstellung über den Nationalpark Vorpommersche Boddenlandschaft informiert. Gelegentlich dürfen dort auch freundliche Rostocker Kabarettisten auftreten.

Doch wer auch nur ein bisschen Mumm in den Knochen hat, der geht weiter an der Ostsee entlang in Richtung Weststrand. Und ich habe nur ein bisschen Mumm in den Knochen! Auf zehn Kilometern Länge erlebt man hier eine einmalige Küstenlandschaft. Die Strandlinie wird durch den **Darßer Urwald** begrenzt. Bilderbuch-Windflüchter, kleine Seen, umgestürzte Bäume voller Seetang, die von den Frühjahrsfluten zeugen – alle norddeutschen Naturparadiesklassiker sind vorhanden. Doch Alleinwanderer aufgepasst: Diese Ruhe und Abgeschiedenheit hat auch ihren Preis. Wer zum Beispiel versehentlich auf einer Qualle ausgleitet und sich verletzt, wird mitunter erst Tage später gefunden und kann froh sein, wenn er einen Volleyball als Gesprächspartner dabei hat. Mir kann das nicht passieren, denn ich habe mir in Ahrenshoop ein Quad ausgeliehen und heize mit diesem motorisierten Vierrad sicher über den Strand. Schon kurze Zeit später spüre ich ein zweites Quad in meinem Nacken. Da will sich wohl jemand ein Rennen liefern? Kann er haben! Wir schenken uns nichts. Nach einigen Kilometern rasen wir in den Wald, der von 36 Pfaden und diversen Plattenwegen durchzogen ist, die zu ehemaligen Politbürojagddomizilen führen. Knapp entgehe ich mehreren Rotwildunfällen, dann stehe ich kurz vorm Sieg: Unser Weg endet direkt am Waldrand – der Strand liegt mindestens drei Meter tiefer! Diesen Sprung wird er nicht wagen. Ich gebe Vollgas. Umfasse den Lenker noch fester. Und bremse gerade noch rechtzeitig. Drei Meter sind doch schon ganz schön heftig. Eine halbe Minute später bin ich verhaftet.

Offenbar ist es nicht so richtig erlaubt, mit Quads durch einen Nationalpark zu fahren. Auch wenn man noch so gemächlich unterwegs ist. Das konnte ich natürlich nicht wissen, denn am Strand stand nirgendwo ein Schild, das die Weiterfahrt als verboten markiert hätte. »Das ist natürlich ein sehr schlechter Service für die Touristen«, kritisiere ich den Nationalpark-Ranger, der mich eine Stunde verfolgt hat. Der Ranger räumt diesen Fauxpas ein. Das habe aber vor allem damit zu tun, dass Quadfahren selbstverständlich an jedem Strand streng verboten sei. Dieses Hinweis finde ich nun wieder etwas kleinkariert. So langsam begreife ich allerdings, dass mich der Typ wirklich zur Polizei bringen will. Wir streiten ein bisschen. Es fallen Worte wie »Ich nenne Sie, wie ich will«, »Sie hören von meinem Anwalt« und »Urwaldsta-linist«, dann einigen wir uns darauf, dass er mich bei der Polizei abliefert. Das Quad muss ich durch den Sand bis zum Leuchtturm am **Darßer Ort** schieben.

Der 1847/48 erbaute Backsteinturm steht nahe der Darßer Nordspitze, wo oft meterhohe Wellen an den Strand rollen. Gerne würde ich ihn besteigen, doch der Ranger verbietet es. »Wie nach dem Mauerbau«, zische ich, denn nach dem 13. August 1961 durfte das Leucht-feuer von Normalbürgerinnen und Normalbürgern nicht mehr betreten werden. Wahrscheinlich, damit sie kei-nen Fluchtweg nach Dänemark aushecken konnten. So kompliziert war das aber nun auch wieder nicht: einfach immer geradeaus. Die heutigen Flüchtlinge, die über gi-gantische Entfernungen durch das Mittelmeer und den Atlantik zu uns kommen, haben es da etwas schwerer. Le-bensgefährlich war es damals und heute. Aber das kann man nicht vergleichen, denn die DDR-Bürger wollten in die Freiheit, die Afrikaner würden schon mit Europa vor-liebnehmen.

Apropos: Im Café am Fuß des Leuchtturms sitzt Herr Borchert und isst eine Eierschecke. Er erfasst meine prekäre Lage sehr schnell und nimmt den Ranger kurz beiseite. Wenig später kommt der auf mich zu und sagt: »Denken Sie einfach selber noch mal drüber nach, ob das nun unbedingt sein musste.« Dann fährt er davon. Keine Ahnung, wie Herr Borchert das gemacht hat. Ich frage lieber nicht nach. Wir haben sogar die Erlaubnis, mit dem Quad bis nach **Prerow** weiterzufahren. Das ist jetzt im-merhin ein Betonweg.

Im Spätsommer ist der Wald um Prerow voller Blaubeeren, die ich mit Begeisterung verschmähe, weil ich panische Angst vor dem Fuchsbandwurm habe. Der ist wahnsinnig gefährlich, aber niemand kennt jemanden, der so einen Wurm schon mal hatte. Bei den Zeckenbissen ist es genau anders herum – da kennt jeder jemanden, der davon eine Hirnhautentzündung bekommen hat, obwohl das im Norden fast nie vorkommt.

Jedes Jahr im Sommer ist in Prerow eine sehr witzige Cartoon-Ausstellung zu besichtigen, manchmal stehen die Ausstellungstafeln sogar im flachen Ostseewasser. Überhaupt sind im ganzen Ort viele kleine Ecken der Kategorie »sehr schön« zu entdecken. Aber wo ich heute übernachte, ist sowieso schon völlig klar: auf dem legendären Prerower Zeltplatz direkt am Strand!

Der superfeine weiße Sandstrand ist hier so breit, dass das Meer von den Dünen aus mit bloßem Auge kaum zu erkennen ist. Zu DDR-Zeiten war hier ein reiner FKK-Campingplatz. Auch heute ist ein Teil für Freunde der nudistischen Urlaubsgestaltung reserviert. Oder wie die *Bild* einst titelte: *Höschenlose Zeltidylle.* Vielleicht wäre das ja auch ein guter MV-Slogan? Das würde bestimmt keiner merken, wenn ich den für meinen Vorschlag verwende. Und falls doch, müsste wahrscheinlich der verantwortliche Wirtschaftsminister seinen Hut nehmen. Dieses Risiko wäre ich durchaus bereit, auf mich zu nehmen ...

Hier auf dem Prerower Zeltplatz jedenfalls haben alle Großeltern Mecklenburg-Vorpommerns irgendwann einmal Urlaub gemacht, und heute bin ich der Großvater ... werde ich irgendwann einmal sagen und von der heutigen Nacht berichten können. Natürlich gibt es auch hier inzwischen Dauercamper. Manche Zelte sehen aus wie Fünf-Raum-Wohnungen. Wir kommen mit einem netten Camperpaar aus Schwerin ins Gespräch. Ihr Zelt hält minus 40 Grad auf dem Himalaja aus. Wie die meisten Einheimischen sind sie sehr gastfreundlich und lassen uns bei sich übernachten. Herr Borchert schläft im Gästezimmer und ich in der Bibliothek. Kurz vorm Einschlafen fällt mir ein, was ich Herrn Borchert unbedingt noch erzählen wollte. Ich krabbele noch einmal nach nebenan: »Wissen Sie, wer mich in Dierhagen beim Fahrradfahren überholt hat?«, frage ich spannungsaufbauend. »Ja, hat er mir erzählt«, antwortet Herr Borchert und löscht das Licht.

Der Untergang
Tag 11: Die Sundischen Wiesen und Barth

So schön die Ostseebäder alle sind, eine Sache werde ich nie begreifen: Wer um Himmels Willen ist auf die Idee gekommen, überall kleine Sightseeing-Eisenbahnen durch die Orte fahren zu lassen? Im Grunde handelt es sich um einen Pick-up mit zwei Hängern, der als Lokomotive des 19. Jahrhunderts verkleidet bequeme Touristen sehr langsam spazieren fährt. Man fühlt sich zwangsläufig wie ein Erwachsener im Kinderkarussell – das mitten auf einer Verkehrsinsel steht. Trotzdem steigen wir ein, denn der »Zugführer« ist gegen ein Trinkgeld bereit, einen kleinen Abstecher in den Nachbarort **Zingst** zu machen. Solche spontanen Streckenänderungen klappen mit der richtigen Bahn natürlich viel seltener. Den anderen Fahrgästen wird es etwas mulmig, als wir mit unserem Zug plötzlich auf die Bundesstraße fahren. Zugleich sind sie verstört über die merkwürdige Beschreibung der Sehenswürdigkeiten. Sie haben offenbar noch nicht mitbekommen, dass der Fahrer ganz einfach seinen üblichen Text herunterschnattert, obwohl er ja einen ganz anderen Weg fährt als sonst. Ein Urlauber ruft erstaunt, diese berühmte Prerower Seemannskirche erinnere ihn irgendwie an eine Biogasanlage.

Wir durchqueren das Ostseebad Zingst. Zingst ist auch der Name dieses Teils der Halbinsel. Früher war sie sogar eine eigene Insel, bis die trennende Wasserstraße, der Prerower Strom, 1874 nach einem Jahrhunderthochwasser geschlossen wurde. Schon damals spürte man hier also die Folgen des Klimawandels. Der kleine Ort hat manche Veränderung erlebt. Im 18. und 19. Jahrhundert arbeiteten hier bis zu drei Werften gleichzeitig. Um 1880 sollen allein 80 Kapitäne in dem Dorf gewohnt haben. Später wurde Zingst ein bedeutender Zulieferer der Raumfahrtindustrie. Na gut, der Sputnik wurde hier vielleicht nicht gerade gebaut. Aber es gab in kleinerem Umfang spezielle Ölvorkommen, die besonders für die sowjetischen Raketentriebwerke geeignet waren. Ohne Zingst hätte Juri Gagarin damals ziemlich alt ausgesehen! Heute ist dies nicht mehr ganz so wichtig, denn die Raumfahrt wird sicher demnächst auf Hybridtechnik umsatteln. Deswegen wurde der Ort mittlerweile mit umfangreicher Tourismusbebauung versehen.

Der Lokführer ist inzwischen auf den Geschmack gekommen. Er fährt einfach weiter und berichtet unermüdlich von den Prerower Sehenswürdigkeiten. Als wir hinter Zingst die total verfallenen Schweineställe einer früheren Landwirtschaftlichen Produktionsgenossenschaft passieren, sagt er gerade: »Und hier sehen Sie eine der modernsten Fachkliniken des Landes.« Zweifelndes Staunen bei den übrigen Fahrgästen. »Früher stand hier übrigens das

Kinderferienlager ›Kim Il Sung‹«, fährt er fort. Das glauben sie dann wieder. Eine ältere Frau sagt: »Schön, dass man das so original erhalten hat.«

Schließlich hält der Zug an. Vor uns liegt der Eingang zum Nationalpark. Dort darf kein Auto hinein und eine hässliche Fake-Eisenbahn erst recht nicht. Wir bedanken uns bei dem netten, pflichtvergessenen Fahrer und suchen das Kassenhäuschen, denn für das Naturerlebnis muss man Eintritt zahlen. Ein ortsansässiger alter Mann schleicht an uns vorbei und murmelt genervt: »Wenn Se das Viechzeuch seh'n woll'n, sind Se zu früh, das 's erst im Herbst wieder da.« Ich drehe mich zu Herrn Borchert um: »Die sprechen hier ja noch echtes Plattdeutsch.« Herr Borchert kriegt wieder einmal innerlich die Krise. Aber ich fahre unbarmherzig fort: »Ich sag mal, ich kann es verstehen, aber ich spreche es nicht.«

Die Ausweisung von Nationalparks war eine der glücklichen Entscheidungen in den letzten Tagen der DDR. Mit Unterstützung westdeutscher Experten und des damaligen Bundesumweltministers Klaus Töpfer hatte eine Arbeitsgruppe des DDR-Umweltministeriums unter Leitung des Biologen Michael Succow ein Nationalparkprogramm erarbeitet, das etwa 4,5 Prozent der Landesfläche unter Schutz stellte und von der einzigen und letzten demokratisch gewählten Regierung der DDR kurz vor der Einheit noch beschlossen wurde. Auf dem Gebiet Mecklenburg-Vorpommerns existieren seither drei dieser besonderen Schutzgebiete: der Nationalpark Vorpommersche Boddenlandschaft, der Nationalpark Jasmund und der Müritz-Nationalpark. Der Natur sind damit ganz sicher viele Hotelanlagen, Zufahrtsstraßen, Bowlingbahnen und Penny-Märkte erspart geblieben.

Wir stehen vor den **Sundischen Wiesen**, einer ausgedehnten Gras- und Heidelandschaft zwischen Meer und Barther Bodden. Einst warfen hier die Nazis ihre Übungsbomben ab, heute ist es einer der beliebtesten Rastplätze der Kraniche. Im September und Oktober kommen sie zu Tausenden hierher, um sich vor dem Abflug in Richtung Süden noch einmal ordentlich auf Staatskosten satt zu fressen. Tagsüber schlagen sie sich auf den umliegenden Feldern die majestätischen Bäuche voll, abends fliegen sie laut knöternd in stolzen Formationen in die Flachwasserbereiche. Ihr Schlafverhalten erinnert an Gefängnisse autoritärer Polizeistaaten, denn am liebsten übernachten sie stehend in knöcheltiefem Wasser. Dies dient vor allem dem Schutz vor Füchsen und Touristen.

Die großen Kraniche sind hier aber nicht allein: Enten, Schwäne, diverse Gänsearten aller Geschmacksrichtungen – fast 50 Vogelarten machen den Aufenthalt für einheimische Insekten und Würmer zum wahren Horrortrip. Doch wenn man mal dringend einen Heiratsantrag machen muss: Es gibt nichts Romantischeres als hier den Landeanflug der Kraniche bei Sonnenuntergang zu beobachten. Besonders, weil Kraniche ihr Leben lang monogam sind! Von gelegentlichen Ausnahmen abgesehen. Der berühmte Kranichtanz, den Männchen und Weibchen immer wieder umeinander vollführen, bietet auch hübsche Impulse für die Weiterentwicklung des eigenen Balzverhaltens.

Doch es ist Juni. Die Kraniche schlummern noch im Finnischen Meerbusen. Wir wandern ein wenig umher.

Bei Müggenburg finden wir einen ganz kleinen Hafen. Von hier aus bringt eine Viehfähre Kühe auf die nahegelegene Insel Kirr. Die steht natürlich unter Naturschutz, und ich wäre der Letzte, der so etwas ignorieren würde. Wir nehmen also stattdessen die Menschenfähre von Zingst nach Barth. Mit ihr kann man im Herbst spezielle Kranichtouren unternehmen, doch auch in der kranichlosen Zeit ist die Fahrt über den Bodden ein schönes Erlebnis. Auf abgestorbenen Bäumen sehen wir eine Kolonie schwarzer Kormorane. Sie können schon mal ausgewachsene Aale am Stück verschlingen und sind deswegen bei Fischern ungefähr so beliebt wie der Mann, der bei der EU die Fangquoten festlegt. Dabei werden Kormorane in China sogar für den Fischfang abgerichtet. Manche sollen bis zu 150 Fische pro Stunde fangen.

Wir erreichen die »Vinetastadt« **Barth**. Tja, Barth ... Ich will es mal so sagen: Es hat wahrscheinlich schon etwas zu bedeuten, wenn man sich freiwillig mit dem Namen einer untergegangenen Stadt schmückt. Vineta ist das vorpommersche Atlantis. Sie war der Legende nach eine reiche Stadt an der südlichen Ostseeküste, die zwar während einer Sturmflut, aber doch eigentlich wegen des Hochmuts und der Verschwendung ihrer Bürger für immer untergegangen ist.

Die frühesten Quellen über Vineta stammen aus dem 10. Jahrhundert. Aufgrund der Hinweise in der Sage nahm man jahrhundertelang an, die Stadt habe sich vor der Insel Usedom im Osten des Landes befunden. Erst vor einigen Jahren sind einzelne Forscher und PR-Experten auf die Idee gekommen, Vineta könnte doch eigentlich auch direkt vor Barth versunken sein. Zwar gab es dafür keine archäologischen Anhaltspunkte, aber Barth hatte noch kein Thema für sein sommerliches Open-Air-Theater-Event. Piraten (Grevesmühlen) und Klaus Störtebeker (Ralswiek auf Rügen) waren schon vergeben. Stars wie Martin Semmelrogge und Wolfgang Lippert konnte man sich auch nicht leisten. Also erfand Barth die Vineta-Festspiele und bietet seither grundsolides Familienentertainment für 13 bis 25 Euro an.

Immerhin war auch die Weltliteratur fasziniert von dem Gleichnis der dekadenten Vineter, die selbst die letzte Warnung vor dem Untergang noch hochmütig ignorierten. Entsprechende Bezüge finden sich unter anderem bei Heinrich Heine (*Seegespenst*, 1826), Günter Grass (*Der Butt*, 1977) und den Puhdys (*Vineta*, 1977). Leider ist die Aussage der Legende etwas veraltet, denn wer würde heute noch klare Zeichen des Untergangs tatenlos ignorieren? Das Stadtwappen von Barth erinnert allerdings eher an den geköpften Freibeuter Klaus Störtebeker. Überhaupt verweist die Wappenbeschreibung (die übrigens in der Fachsprache »Blasonierung« heißt) auf den typisch vorpommerschen Hang zum Skurrilen: »Geteilt; oben in Silber ein hersehender braun behaarter und bebarteter Mannskopf; unten in Blau drei schrägrechte silberne Fische, balkenweise gestellt. Auf dem Schild ein blau-silbern bewulsteter Bügelhelm mit goldenem Halskleinod und blau-silbernen Decken, geschmückt mit fünf silbernen Straußenfedern.« Wer denkt sich so etwas aus?

Herr Borchert sagt plötzlich, dass er ein Bier trinken will. Ich kriege erst einmal einen ordentlichen Schreck, denn ich habe das Gefühl, seit Tagen nichts mehr von ihm gehört zu haben. Doch jetzt wird er ungewohnt gesprächig. Er erklärt mir, dass das Barther Bier im Mittelalter europaweit berühmt gewesen sei. Wallenstein habe bei der Belagerung von Anklam 1628 extra ein Fass holen lassen. Bis nach Marseille sei das Barther Bier geliefert worden. Das finde ich wieder interessant, denn bekanntlich wurden in Marseille ja gern arglose Gasthausbesucher betrunken gemacht und wachten am nächsten Morgen in der Fremdenlegion auf. Das wäre doch eine Idee für die nächste Spielsaison: *Vineta und die Fremdenlegion.*

Ich besorge uns zwei Flaschen Barther Küstenbier, das hier seit einigen Jahren wieder gebraut wird. Wir trinken es gemütlich am Hafen und gucken auf den Bodden. Einige Meter weiter steht das große Speicherhotel – man ahnt, welchem Zweck dieses Gebäude ursprünglich einmal diente. Ich verbinde mit dem Hotel allerdings höchst widersprüchliche Erinnerungen, denn wir hatten hier einmal einen Auftritt für die SPD-Landtagsfraktion des Landes Mecklenburg-Vorpommern.

Vermutlich waren wir auch nicht in Bestform, denn das Programm war noch im Vorpremieren-Stadium. Und wir spielten direkt vor dem Büffet. Während sich die meisten Abgeordneten irgendwo weiter hinten im Dunkeln befanden, saßen der ehemalige und der neue Ministerpräsident unmittelbar vor uns an einem eigenen Tisch, sodass sie der Lichtkegel unserer Scheinwerfer noch erfasste und sie von allen gesehen werden konnten. Nur wenn sie gelegentlich einen Schmunzler spendeten, lachten auch die anderen. Lediglich der spätere Nachwuchsstar der Bundes-SPD,

Manuela Schwesig, warf ab und an selbstständig einige witzige Kommentare ein. Doch unser beliebter Ex-Ministerpräsident, ein knorrig-sympathischer Landesvater, kam sich offenbar vor wie im falschen Film. Er verstand nicht, warum wir spöttische Scherze über unser eigenes schönes Heimatland und seine klitzekleinen wirtschaftlichen Problemchen machten. Man kann nicht sagen, dass er unseren Auftritt nicht lustig fand – schlimmer noch: Es schien, als wäre er darüber einfach nur sehr, sehr traurig. Das hatten wir nicht gewollt.

Gott sei Dank hatten wir zufällig auch ein paar CDU- und FDP-Pointen dabei – da brannte dann wieder die Luft. Aber wir sind seitdem selbstverständlich niemals wieder für irgendeine Partei aufgetreten. Es hat uns allerdings auch keine mehr gefragt.

Politisch gesehen geht es in Mecklenburg-Vorpommern sowieso recht beschaulich zu. Ein Haifischbecken ist die Landespolitik nicht gerade. Große Skandale gab es in den letzten 20 Jahren kaum, obwohl Norddeutschland dafür eigentlich ein gutes Pflaster ist. Aber Verhältnisse wie in Schleswig-Holstein mit Badewannenleichen und Heide-Mördern sind in Mecklenburg-Vorpommern unvorstellbar. Auch Regierungsbeteiligungen von rechtspopulistischen Armleuchtern wie der Schill-Partei in Hamburg blieben diesem Land bisher erspart. Der größte Aufreger der letzten Jahre war hier die Frage, ob ein Minister nach Feierabend mit seinem Traktor ein paar Felder seiner damaligen Freundin gepflügt hat.

An der Rezeption des Speicherhotels erkennt mich der Mitarbeiter nach so vielen Jahren tatsächlich wieder.

Vor lauter Mitleid bekomme ich das Zimmer fast geschenkt. Im Bett lasse ich den missglückten Auftritt ein letztes Mal Revue passieren und denke: »Mecklenburg-Vorpommern – wir können es sprechen, aber wir verstehen es nicht.«

Großveranstaltungen, die man nicht verpassen möchte

In Mecklenburg-Vorpommern gibt es das ganze Jahr über unzählige Veranstaltungen: Festivals, Volksfeste, Märkte, Kunst, Musik, Drachenbootrennen, Hochzeitsmessen, Hengstparaden, Rassehundeausstellungen. Für alle ist etwas dabei.

Februar/März
Rostocker Kabarettpreis

Fünftägiger Kabarettwettbewerb um den Goldenen, Silbernen und Bronzenen Koggenzieher. Ganz vorn in der Kategorie der albernen Kabarettpreisnamen. Gilt als Sprungbrett. Fast alle Gewinner erhielten später eigene Fernsehsendungen. Für die Mitbegründer und Moderatoren Dietrich & Raab ein PR-Desaster, weil die meisten denken: Diese Versager – schon zum zehnten Mal in Folge keinen Preis abbekommen.

www.rostocker-kabarettpreis.de

Mai
filmkunstfest M-V (Schwerin)

Es gibt einige hochwertige Filmfestivals im Land, zum Beispiel das FiSH in Rostock für die junge Szene, die dokument-ART Neubrandenburg oder das Darßer NaturfilmFestival. Das wichtigste findet seit 1991 in Schwerin statt: das filmkunstfest M-V. Höhepunkte sind die Verleihungen des Ehrenpreises Goldener Ochse und des Hauptpreises Fliegender Ochse:

»And the Ochse goes to ...« – Mit originellen Preisnamen hat man es in MV nicht so.

www.filmkunstfest-mv.de

Mai
Baltic Fashion Award (Ostseebad Heringsdorf)

Mailand – Paris – Heringsdorf. Seit einigen Jahren hat sich die Insel Usedom zu einem interessanten Ort für den internationalen Modedesignernachwuchs entwickelt. Mit Fördermitteln des Wirtschaftsministeriums MV werden hier beachtenswerte Modenschauen zelebriert. Ob damit tatsächlich der zahlungskräftige Premiumurlauber angelockt wird, ist allerdings noch offen.

www.baltic-fashion.de

Pfingsten
Hechtfest (Teterow)

Teterow in der Mecklenburgischen Schweiz gilt als das Schilda des Nordens. Der Sage nach fingen Teterower Fischer einst einen stattlichen Hecht, den sie sich aber für das kommende Schützenfest aufheben wollten. Darum banden sie ihm ein Glöckchen um und setzten ihn zurück in den See. Am Boot markierten sie die Stelle, wo sie ihn gefangen hatten, um ihn dort später wiederzufinden ... Noch heute sagen einige in MV, wenn jemand eine Trotteligkeit begeht: »Das war jetzt aber ein echter Teterower.« Die Teterower hingegen feiern diese Tat jedes Jahr selbstbewusst mit einem großen Volksfest.

Juni bis August

Tonnenabschlagen (Fischland-Darß, Barth)

Eine echte Tradition in vielen Orten der Region. Reiter galoppieren unter einem hängenden Fass hindurch und versuchen dabei mit einem großen Knüppel, das Gefäß oder wenigstens Teile davon herunterzudreschen. Es gibt verschiedene Preiskategorien: Bodenkönig wird man für die Unterseite des Fasses, Tonnenkönig für das allerletzte Teil, Sandkönig wird der Reiter, der am häufigsten von seinem Pferd abgeworfen wurde. Die Brauch passt zu MeckPomm. Mit großen Knüppeln rennen manche hier ja heute noch gerne herum.

Juni/Juli

Fusion Festival (ehemaliger Militärflugplatz Rechlin-Lärz)

Die Fusion (Aussprach englisch), oft auch in kyrillischen Buchstaben geschrieben (Фузион), ist ein Festival mit vorwiegend elektronischer Musik. Hinzu kommen Theaterperformances, Filme, Kunstinstallationen und vielfältige Möglichkeiten des Betäubungsmittelkonsums. Die Wahrscheinlichkeit, vor dem Festivalgelände in eine Polizeikontrolle zu geraten, ist daher relativ groß. Inzwischen ist die Fusion so gefragt, dass die gut 60.000 Tickets verlost werden (bezahlen muss man natürlich trotzdem). Darüber hinaus haben die Macher auch einen kleinen Spleen: Die Zeit des Festivals nennen sie »Ferienkommunismus« – und so läuft man auf dem Gelände nicht nur über den Mahatma-Gandhi-Pfad, sondern auch über die Lenin-Allee und die Ulrike-Meinhof-Straße. Es gibt Leute, die diese Zusammenstellung in sich widersprüchlich finden.

www.fusion-festival.de

Juni bis September
Festspiele Mecklenburg-Vorpommern

Über 100 klassische Konzerte finden an den verschiedensten Orten im ganzen Land statt – in Gutshäusern, Schlossgärten, Klosterruinen, Scheunen und Kirchen. Während das letzte popmusikalische Großereignis in Mecklenburg-Vorpommern die Ankündigung der erneuten Modern-Talking-Auflösung im Jahr 2003 in Rostock war, geben sich bei den Festspielen seit 1991 die Stars die Klinke in die Hand. Anne-Sophie Mutter war ebenso zu Gast wie Kent Nagano oder Yehudi Menuhin.

www.festspiele-mv.de

Juni bis September
Störtebeker-Festspiele (Ralswiek auf Rügen)

Vielen gilt Klaus Störtebeker als Robin Hood der Meere. Es gibt aber leichte Unterschiede. Störtebeker nahm es von den Reichen (Gemeinsamkeit). Dann folterte er sie und behielt das Geld für sich (Unterschied). Dem kann man in Ralswiek jedes Jahr aufs Neue im Großformat beiwohnen: Im Sommer ist zwar überall in Mecklenburg-Vorpommern Theater unter freiem Himmel zu erleben, die Inszenierung der Störtebeker-Saga ist jedoch das größte Ereignis dieser Art. Die Freiluft-bühne liegt direkt am Großen Jasmunder Bodden, auf dem dann meist das eine oder andere Seegefecht stattfindet. Bis zu 400.000 Besucher sehen sich jedes Jahr die Geschichte des Freibeuters aus dem 14. Jahrhundert an. Das Festival ist daher auch ein wichtiger Stützpfeiler für die heimische Regenschirm- und Regencape-Branche.

www.stoertebeker.de

August
Hanse Sail (Rostock)

Die Hanse Sail ist *das* maritime Ereignis Mecklenburg-Vorpommerns. Hunderte Groß- und Traditionssegler und viele weitere Schiffe kommen jedes Jahr am zweiten Augustwochenende in die Hansestadt. Es gibt Regatten, Höhenfeuerwerke und wenig Parkplätze. Viele Schiffe nehmen Passagiere mit auf ihre Ausfahrten. Bei stärkerem Seegang geht dabei allerdings so manch verzehrtes Fischbrötchen wieder über Bord.

An der Promenade des Stadthafens herrscht derweil Volksfeststimmung mit Karussells und Bühnen der regionalen Radiosender. Bands wie No Mercy, Rednex oder Juli erhielten hier ihr Gnadenbrot. Bier und Bratwurst fließen in Strömen. Die meisten Einheimischen verlassen die Stadt in dieser Zeit.

www.hansesail.com

November/Dezember
Weihnachtsmärkte

Weihnachtsmärkte sind in allen Städten Mecklenburg-Vorpommerns sehr beliebt. Der größte und älteste findet in Rostock statt. Wer sich zu den Hauptstoßzeiten ins Getümmel wagt, bekommt einen ungefähren Eindruck davon, wie sich Massentierhaltung anfühlen muss. Halb Skandinavien verbringt seinen Jahresurlaub auf mecklenburgischen Weihnachtsmärkten. Schweden, Dänen und Norweger gelten als erfahrene Glühweintester. Getestet wird dabei, wer am meisten Glühwein trinken kann.

Wahrheiten im Tiefflug
Tag 12: Schlösser und Gutshäuser in Vorpommern

Die Vineta-Festspiele könnten demnächst noch einen ganz anderen thematischen Aufhänger bekommen, und zwar mit Barth als Dallas des Nordens. Wenn man morgens im obersten Stock des Hotels über das weite Land schaut, kann man sich schwer vorstellen, dass die Menschen hier bald in Saus und Braus leben werden. Aber so ist es. Nach jahrelangen Erkundungen schätzen Geologen, dass zwischen Barth und Usedom bis zu 40 Milliarden Liter Öl in der Erde schlummern. Damit könnte immerhin der gesamte Weltverbrauch abgedeckt werden. Und zwar für vier Tage! Oder man könnte das Saarland für die nächsten 23.000 Jahre mit Öl versorgen. Aber wer würde das schon wollen?

Inzwischen wird das Gebiet von den Investoren nur noch »Big Barth« genannt. Hiesige Lokalpolitiker laufen schon mit Dollarzeichen in den Augen durch die Straßen. Viele Bürger haben angefangen, sich die neuesten

Swimmingpool-Kataloge zu besorgen. Andere bessern ihr Englisch auf, weil sie angesichts dieser Ölmengen über kurz oder lang mit einem Einmarsch der US-Armee rechnen. Als 2010 die Deepwater Horizon im Golf von Mexiko explodierte, haben wir neidisch gedacht: Manche Länder haben ganze Meere voller Öl – und wir Mecklenburger müssen noch jeden Kormoran einzeln erwürgen! Aber das hat nun bald ein Ende. Vielleicht sollte ich jetzt noch rechtzeitig alle leerstehenden Schlösser in der Umgebung aufkaufen, bevor die Nachfrage so richtig losgeht?

Die Schlösser und Gutshäuser! Seit Tagen hatte ich nicht mehr daran gedacht, weil es auf dem Darß kaum welche gibt. Doch hier stehen sie ja wieder an jeder Ecke. Nur wie komme ich dorthin? Kein Problem: Die Kleinstadt verfügt nämlich über den frisch modernisierten **Ostseeflughafen**. Das Land hat hier mehrere Millionen reingesteckt, denn so ein Flughafen ist immanent wichtig für Wirtschaft und Tourismus in der Region. Ganz optimal ist das Konzept allerdings noch nicht aufgegangen. In den letzten Jahren hat die Vermietung der Flughafenwiesen als Schafsweiden mehr Geld eingebracht als der gesamte Flugbetrieb. Vor einiger Zeit habe ich – eher aus Mitleid – mal bei Groupon einen spotbilligen Gutschein für einen Cessna-Rundflug gekauft. So etwas kann am Flughafen mit festen oder individuellen Routen gebucht werden. Auch Fallschirmsprünge sind möglich, einschließlich »Schnupperkursen« für Anfänger, wobei ich nicht weiß, was es da zu schnuppern gibt. Entweder man springt oder nicht.

Ich lasse den Gutschein an der Rezeption ausdrucken und fahre mit Herrn Borchert und einem Taxi zum Flughafen. Als uns der erste Mitarbeiter in dem nagelneuen Terminal entdeckt, läuft eine Träne seine Wange hinunter, denn er hat seit Tagen keine lebenden Menschen mehr gesehen. Das scheint ihm auf Dauer nicht so gut zu bekommen: Bevor wir ihn wegen des Rundflugs fragen können, möchte er uns erst einmal sein Lieblingsschaf vorstellen.

Schließlich ist alles geklärt und wir können uns in die Cessna setzen. Als ich den Piloten sehe, wird mir allerdings etwas mulmig zumute, denn es handelt sich um den Mitarbeiter aus dem Terminal, der uns jetzt fröhlich mit einem langgezogenen »Üüüüberraschuuuung!« begrüßt. Wir lächeln tapfer zurück. Tatsächlich ist er etwas kamikazemäßig drauf. Das kann mir nur recht sein, denn er lässt sich überreden, die Gutshäuser der Gegend so tief wie möglich zu überfliegen.

Südwestlich von Barth liegt das **Herrenhaus Divitz**, ursprünglich eine Wasserburg mit breitem Burggraben, die es immerhin schon in das Nachrichtenmagazin *Der Spiegel* geschafft hat – leider nur als Beispiel für den langsamen Verfall der Baudenkmäler in Mecklenburg-Vorpommern. Weit über 100 der alten Gutshäuser – die in MeckPomm gerne etwas übertrieben »Schloss« genannt werden – sind inzwischen Hotels, Wohnhäuser und Kultureinrichtungen geworden. Doch noch viel mehr modern vor sich hin und warten auf brillante Investmentideen. In Divitz habe ich kein Glück. Das Herrenhaus steht seit 1990 leer, und mit dem Fernglas kann ich zwar einige Notsicherungensmaßnahmen, aber keine Restaurierungsarbeiten ausmachen.

Das **Schloss Hohendorf**, ein großer klassizistischer Bau etwa 15 Kilometer nördlich von Stralsund, strahlt von oben noch im saniertesten Weiß. Lange Zeit wurde das Haus als Hotel genutzt. Als es 2010 in die Krise geriet und im Grunde schon geschlossen war, bot es Gästen einen besonderen Service: Übernachtungen mit Gruselfaktor. Urlauber, die ihre Zimmer im Voraus bezahlt hatten und sich an der verschlossenen Tür nicht abwimmeln lassen wollten, durften ihre Nächte in einem menschenleeren Schloss verbringen. Zusatzvorteil: Trinkgelder für das Personal fielen nicht an, denn die Mitarbeiter waren bereits entlassen. Was dort heute passiert, ist aus der Luft leider nicht zu erkennen.

Dass **Schloss Parow** etwas weiter südlich sieht wiederum aus wie ein englisches Landhaus. Einst gehörte es dem zweifachen Olympiasieger im Dressurreiten, Carl-Friedrich von Langen (1887–1934). Goebbels stilisierte den SA-Mann nach seinem Tod zum Reichsvorzeigereiter. Das landeseigene Gestüt Redefin benannte 70 Jahre später einen Preis nach ihm. Denn in MV achtet man nun einmal auf Tradition. Welche Tradition ist da fast egal. Von außen sieht alles okay aus, also fliegen wir weiter nach Kummerow. Der Ortsname entspricht inzwischen meinem Gemütszustand.

Das ziemlich große **Kummerower Barockherrenhaus** wurde 2011 für 130.000 Euro versteigert. Hier soll einmal ein nationales Fotografie-Museum entstehen. Es wird sich erst noch zeigen müssen, ob diese Idee tragfähiger ist als das Konzept des Kinderhotels Kummerow, das die Banken seinerzeit nicht hundertprozentig überzeugen konnte. Uneinigkeit herrschte schon bei der zukünftigen Befüllung der Minibars. Aber vielleicht war das auch ein anderes Kummerow. Es gibt hier so viele. Das Vorbild für den berühmten Roman *Die Heiden von Kummerow* (1937) von Ehm Welk liegt zum Beispiel in der Uckermark – und heißt Biesenbrow. An der Bundesstraßenabzweigung zu dem Kummerow, das wir gerade überfliegen, warb hingegen in den 1990er-Jahren ein großes Hinweisschild für das regionale Erotikcenter. Das ist längst Geschichte. Doch wenn sich selbst das älteste Gewerbe der Welt hier auf dem Land nicht dauerhaft durchsetzen kann ... Oder sagen wir's so: Auf Laufkundschaft würde ich als Fotomuseumsbetreiber nicht unbedingt setzen. Auf jeden Fall scheint hier gebaut zu werden. Wir umkreisen das Schloss immer und immer wieder, aber ich kann sie nirgendwo entdecken.

Nun ist es soweit, es platzt endlich aus Herrn Borchert heraus: »Verdammt noch mal, wen suchen Sie denn eigentlich?«, fragt er so laut, dass der Pilot die Maschine vor Schreck nach unten zieht. Jetzt zahlt sich aus, dass ich heute Morgen nicht mehr zum Frühstücken gekommen bin. Herr Borchert hingegen klärt alles Weitere mit der bereitgelegten Kotztüte. Aus irgendeinem Grund muss ich wieder an unsere gemeinsame Sanddorntorte in Bad Doberan denken.

Ich gebe für heute auf und sage dem Piloten, dass er uns zurück nach Barth bringen soll. Er ist ganz enttäuscht und fragt, ob er nicht vielleicht doch noch ein Stück weiter fliegen dürfe. So eine »Schlössertour von oben« könne vielleicht *der* Toprenner im Rundflugbusiness werden. Ei-

ner zukunftsträchtigen Geschäftsidee eines jungen Hoff-
nungsträgers möchte ich natürlich nicht im Wege stehen,
verlange dafür aber meinen Groupon-Gutschein zurück.

Die Cessna nimmt Kurs auf die Insel **Rügen**. Wir
überqueren die Gutshäuser Üselitz (Ruine), Groß Scho-
ritz (Geburtshaus eines Inselpromis),[8] Renz (eines der
ältesten Wohnhäuser der Insel), Krimvitz (Hotel und
Müsliverkauf), Klein Kubbelkow (Hochzeiten und Bent-
ley-Shuttle), Karnitz (gigantische Privatwohnung) und
Blieschow (ein bisschen hässlich). Und das war nur die
südliche Hälfte der Insel. Das Benzin geht uns langsam
aus. Mit dem letzten Tropfen landen wir auf dem kleinen
Flugplatz Güttin in der Nähe der Inselhauptstadt Bergen.
Eigentlich wollte der Pilot noch gucken, ob das Kerosin
vielleicht auf einem anderen Rügener Flughafen ein paar
Cent billiger ist, doch irgendwann glaubte er dem Tower,
dass es hier keinen anderen Flughafen gibt.

Wir befinden uns so etwa in der Mitte der Insel. Von
hier aus könnten wir in jede Himmelsrichtung gehen –
überall ist die größte deutsche Insel sehenswert. Doch
Herr Borchert braucht jetzt erst einmal einen Mittags-
schlaf. Also fliege ich mit dem Piloten nach dem Tanken
noch ein paar Gutshäuser und Schlösser in der Nordhälf-
te Rügens ab (Ralswiek, Libnitz, Granskevitz, Neddesitz,
Spycker, Granitz). Unglaublich, was hier für Prachtbauten
in der Landschaft herumstehen! Ich kann den Flugzeug-
führer zu einigen waghalsigen Tiefflugaktionen überreden, aber schlauer bin ich am Ende auch nicht.

---

8   Ernst Moritz Arndt (1769–1860). Kennt man heute nicht mehr so.

»Was suchst du denn eigentlich?«, fragt der Pilot. Ich erzähle ihm die Kurzfassung der Geschichte. Sie handelt im Wesentlichen von einem Auftritt im Süden Mecklenburgs und einem langen Gespräch mit dieser einen Zuschauerin – in Zusammenarbeit mit einem deutlichen Übermaß an Pfefferminzlikör. Es war einer dieser Auftritte, bei denen alles klappte. Normalerweise kommen danach freundliche Zuschauer und erzählen ihren Lieblingswitz oder berichten von ihrem letzten Rostock-Besuch 1992. Doch dann sah ich sie. Und ich wusste: Sie wird sofort gehen. Denn die faszinierendsten, geheimnisvollsten, anziehendsten Frauen gehen bei uns traditionell besonders schnell. Den Grund dafür habe ich noch nicht herausgefunden. Es scheint auch nicht bei allen Kollegen so zu sein. Nach allem, was man so hört. Diesmal aber war es anders. Sie blieb! Als ich meine Gitarre von der Bühne holen wollte, trat sie zu mir und sagte: »Ich habe das Gefühl, Du hast während des ganzen Auftrittes nur mich angesehen.« Ich wollte schon antworten: »Das geht mir umgekehrt ganz genauso«, aber mein Herz klopfte bereits ziemlich aufgeregt, und darum fragte ich zurück: »Das hast du bemerkt?« Sie lächelte erleichtert. »Ein Glück, ich dachte schon, ich hätte mir das nur eingebildet.«

Im Grunde genommen stimmte das auch, denn die Scheinwerfer blenden immer so stark, dass ich das Publikum im dunklen Saal praktisch nicht erkennen kann. Schon gar keine attraktive Zuschauerin in einer hinteren Reihe. Das ist bei fast allen Künstlern so. Man kann als Besucher noch so vieldeutig angezwinkert werden – wenn im Zuschauerraum kein Licht ist, blinzelt die Person auf der Bühne in ein schwarzes Loch. Aber das wollte ich ihr in diesem Augenblick nicht sagen. Sie würde es früh genug erfahren. Jetzt wollte ich den Moment genießen. Eine Stunde später wussten wir: Hier geschieht gerade etwas sehr Besonderes. Dann musste sie gehen. Sie war dort auch nur bei Freunden zu Besuch, die schon auf sie warteten. Am nächsten Morgen wollte sie die Stadt bereits wieder verlassen, denn sie musste zur Arbeit. Darum vereinbarten wir, unsere künftige gemeinsame Lebensplanung vor ihrer Abreise noch bei einem sehr romantischen Candle-Light-Frühstück zu besprechen. Doch als ich morgens um 14 Uhr in meinem Hotelzimmer aufwachte, war sie schon fort. Wahrscheinlich dachte sie, ich hätte sie sitzen lassen. In Wirklichkeit hatten wir mit den Veranstaltern nur die übliche nächtliche Auftrittsauswertung vorgenommen. Dabei geht es in der Regel darum, allerlei Spirituosen zu verkosten und die Spielstätte zu loben. Im Gegenzug gibt es freundliche Worte für die Auftrittsleistung. Am Ende versuchen alle Beteiligten, irgendwie nach Hause zu finden. Ein Brauch, den wir übrigens nicht nur in MV, sondern in fast allen Bundesländern nach Auftritten erleben durften. Jedenfalls vermute ich das. Es gibt da gewisse Erinnerungsprobleme. So war es wohl auch diesmal. Ich kannte nicht einmal ihren Namen. Ich wusste nur noch: Sie ist Restauratorin und arbeitet gerade an der Sanierung eines Gutshauses oder eines Schlosses irgendwo in Mecklenburg-Vorpommern.

Zuerst dachte ich, ich rufe die Häuser einfach alle nacheinander an. Doch immer, wenn ich fragte, ob dort gerade eine Sanierung in Gang sei, kam am anderen Ende

Unruhe auf. Manche erklärten, dass ich sicher wegen der Verwendung der Fördermittel anriefe, sie hätten sich auch gerade melden wollen, da sei nämlich eine ganz dumme Sache passiert ... Andere flüsterten deutlich hörbar nach hinten, Jewgeni und Anatol sollten mal das Werkzeug weglegen und sich ein wenig im Wald verstecken. Zweimal gingen Randalierer an den Apparat, die gerade dabei waren, das unbewohnte Haus zu zertrümmern, und wir wunderten uns gemeinsam, warum das Telefon noch funktionierte. Schließlich war klar: Ich musste sie persönlich finden – oder ich würde sie nie wiedersehen.

»Und darum sitze ich hier in diesem Flugzeug und ... – HEY!«, sage ich. Wir sausen schon wieder bedenklich in Richtung Kartoffelfeld, denn der Pilot hat vor Rührung Tränen in den Augen und kann die Instrumente nicht richtig erkennen. »Und alles nur wegen dieses verdammten Pfefferminzlikörs«, schluchzt er, während wir gen Boden rasen. Ich notiere eilig: »MV – abstürzen, wo's am Schönsten ist!«, um mich danach panisch an meinem Gurt festzukrallen. Schließlich landen wir doch noch einigermaßen sicher auf dem Rügener Flugplatz. Zum Abschied drückt mir der Pilot lange die Hand. Ich merke, dass er mir noch etwas Mutmachendes sagen will, doch er wird erneut von seinen Gefühlen übermannt und beginnt zu weinen. Herr Borchert, der uns in Empfang nimmt, guckt mich fragend an. Ich blicke dem davonfliegenden Piloten hinterher und sage: »Ganz schwere Kindheit.«

Theorien und Lustspiele von Putbus bis Lobbe

Tag 13: Rügen zum Ersten

Ich erwache seekrank. Dieses Gefühl kenne ich bereits von meiner ersten und einzigen Nacht auf einem Wasserbett, dem Nachwendetraum aller Ostdeutschen. Als ich vor die Zimmertür trete, falle ich beinahe in den Rügischen Bodden. Jetzt fällt es mir wieder ein: Wir sind gestern Abend noch nach **Putbus** gefahren. Im Ortsteil Lauterbach gibt es einen Yacht- und Segelhafen, und dort kann man sich in schwimmende Ferienhäuser einmieten.

Ich mache mich auf den Weg nach Putbus-City. Mir ist von der Nacht immer noch so schwindelig, dass ich den Eindruck habe, die Häuser stünden auf dem Kopf. Allerdings: Das stimmt auch! Ein ganzes Einfamilienhaus steht hier verkehrt herum und kann besichtigt werden: das Haus-Kopf-über. Das beliebteste Fotomotiv ist natürlich das Badezimmer mit der Toilettenschüssel, die wie ein Damoklesschwert über einem hängt. Nur die Spülung ist offenbar defekt.

Putbus sieht noch so richtig schön historisch aus. Dabei wurde die Stadt erst 1810 von Fürst Wilhelm Malte I. gegründet und ist damit das Nesthäkchen unter den Inselorten. Aus allen Ecken glänzt einem hier der Spätklassizismus entgegen. Etwa von der Fassade des Theaters mit Säulenportikus und einem schönen figürlichen Fries über dem Eingang – oder wie das heißt. Die hölzernen Zuschauerlogen sind übrigens bei aller Schönheit ziemlich schief, doch das fällt einem nur von der Bühne aus auf. Im Zentrum der Stadt findet man den Circus. Das ist ein von stolzen weißen Villen umsäumtes Rondell – also eine Art fürstlicher Kreisverkehr – mit einem großen Obelisken in der Mitte.

Doch wenn man etwas genauer hinsieht, ist der Zahn der Zeit hier überall unübersehbar. Längst bröckeln die Fassaden der Circus-Villen. Seit Jahren schleppen sich darin die unterschiedlichsten IT-Firmen und Ausbildungsstätten von einer Insolvenz zur nächsten. Dabei sollte Putbus einmal das »Silicon Valley des Nordens« werden. In MV muss ja immer alles das »Soundso des Nordens« sein. Warum eigentlich? Unsere Vision müsste doch eigentlich sein, dass sich andere Regionen irgendwann einmal nach uns benennen und dann eines Tages eine junge, aufstrebende chinesische Provinz stolz ausruft: »Wir sind übrigens das Vorpommern des Fernen Ostens!«

In Putbus ist von Silicon Valley hingegen vor allem das Valley geblieben. Im Grunde ist die Stadt nicht das Nesthäkchen, sondern die alternde Diva Rügens, die nur noch den alten Glanz aufrechterhalten kann, wenn man nicht so dicht herangeht. Dies gilt jedoch nicht für das Putbusser Schloss. Das wurde nämlich schon 1962 abgerissen.

Der englisch-französische Schlosspark ist trotzdem sehr zu empfehlen. Erhalten sind außerdem Orangerie, Mausoleum, Kirche, Marstall und zwei Löwen, die jeweils auch nicht von schlechten Eltern sind. In einem Wildgehege können große Mengen Rot- und Damwild besichtigt werden. In manch einem Rügener Restaurant gibt es dann später ein fröhliches Wiedersehen mit den Tieren.

Das muss allerdings nicht unbedingt ein *schnelles* Wiedersehen sein, denn die Gastrobranche hat Nachwuchsprobleme. Da sollte man dann fürs Abendessen lieber einen kleinen Tolstoi zum Zeitüberbrücken dabei haben. Seit Neuestem wollen »die jungen Leute« nämlich auf einmal nicht mehr für fünf Euro noch was im Sommer den Megastress haben und im Winter den Rügener Isolationsdepri kriegen. Der Deutsche Hotel- und Gaststättenverband hat für dieses Problem schon eine Lösung parat: Die Politik muss irgendwo billige Arbeitskräfte besorgen! Wenn der freie Arbeitsmarkt wegen hoher Nachfrage auch höhere Preise, sprich: Löhne, verlangt, soll der Staat plötzlich wieder eingreifen. Hier sieht man also schon die direkten Folgen des demagogischen Wandels.

Auch das **Ostseebad Binz** kennt diese Sorgen. In den 1920er-Jahren galt es angeblich – da haben wir es schon wieder – als »Nizza des Ostens«. Doch neben der sehr ansehnlichen Bäderarchitektur kann nicht jeder Neubau aus der Zeit nach 1990 vollends überzeugen. Es gibt sehr gute Restaurants, aber auch viele internationale Spezialitäten frisch aus dem Tetrapak. Nach der Eröffnung einer Filiale des Edelimbisses Gosch Sylt in Binz wies man den Besitzer per Aufkleber sogar auf folgenden Umstand hin:

»Rügen scheißt auf Sylt«. Es müssen Vandalen mit ausgeprägten Photoshop-Kenntnissen gewesen sein, denn das Artwork des Stickers war ziemlich aufwendig.

Natürlich hat Binz neben endlosen Stränden auch eine Seebrücke. Sie ist sogar sehr berühmt, denn ihr Zusammenbruch im Jahr 1912 führte zur Gründung der Deutschen Lebens-Rettungs-Gesellschaft. Vielleicht zeigt das Binzer Stadtwappen deshalb einen Löwen in Seenot (die Seenot ist in der Blasonierung nicht ausdrücklich festgehalten, doch der schwarze Löwe befindet sich in einem kleinen segel- und ruderlosen Boot auf offener See und rudert offensichtlich hilflos mit den Armen). Am Strandzugang 6 gibt es noch etwas Bemerkenswertes: eine Außenstelle des Standesamtes in einem ehemaligen Rettungsturm. Mit zwölf Plätzen ist es eher etwas für kleinere oder sehr zerstrittene Familien. Besonders ist aber auch die Architektur, denn es handelt sich bei dem Bau mit den abgerundeten Ecken um eine der berühmten futuristischen Hyparschalenkonstruktionen des Architekten Ulrich Müther, die uns vor Augen ruft, wie man sich in den 1970er- und 1980er-Jahren die Zukunft vorgestellt hat. Kenner erinnert der Stil zudem an die architektonische Ausstattung mehrerer Sandmännchen-Folgen.

Ich stehe am Bahnhof in Putbus und überlege, wohin ich heute fahren möchte. Der **Rasende Roland** dampft schon. Man könnte sagen, er ist die »Molli des Nordens«, aber da sehe ich schon wieder die Experten unter den Ehemännern mit den Augen rollen und »Der hat doch eine ganz andere Spurbreite!« sagen. Das stimmt natürlich. Man kann also etwas präziser formulieren: Der Rasende Roland ist nicht die Molli des Nordens. Auch sonst ist einiges anders. Die Preisliste heißt hier zum Beispiel »Tarifmatrix«. Das passt gut, denn sie ist unmöglich zu verstehen. Man darf sich also überraschen lassen.

Die Rügensche Kleinbahn Rasender Roland fährt über Binz, Sellin und Baabe nach Göhren. Allein die hügelige Waldstrecke zwischen Binz und Sellin lohnt die Reise. Der Zug hält aber auch am **Jagdschloss Granitz**, dem angeblich meistbesuchten Schloss des Landes. Das Gebäude aus der ersten Hälfte des 19. Jahrhunderts liegt auf einem kleinen Berg und irritiert neben der beträchtlichen Größe durch seine eigenartige Turmgestaltung. Denn neben den fünf kleineren Türmen an den Ecken und Seiten ragt aus dem Zentrum des Schlosses noch einmal ein merkwürdig martialisch-phallischer Großturm kanonenartig in den Himmel. Dieser Turm wurde von dem berühmten Karl Friedrich Schinkel (1781–1841) entworfen. Der Rest des Gebäudes stammt von anderen Architekten. Und so sieht es dann auch aus.

Auch **Sellin** ist ein schönes und traditionsreiches Seebad. Quasi die kleine Schwester von Binz. Albert Einstein war auch mal hier – und zwar als er gerade an der allgemeinen Relativitätstheorie arbeitete. Wahrscheinlich ist ihm sogar im Rasenden Roland das Zug-Gleichnis für das Prinzip der Konstanz der Lichtgeschwindigkeit eingefallen! Nein, das war natürlich nur ein Scherz. Das Zugbeispiel stammt ja bekanntlich aus der *speziellen* Relativitätstheorie.

Der Zug erreicht das Ostseebad **Baabe**, an das viele Kabarettisten gute Erinnerungen haben. Dort betreiben nämlich die Thüringer Nörgelsäcke mit der Lachmöwe eine Ostseeaußenstelle ihrer heimischen Kabarettbühne und gewähren dort auch heimischen Künstlern Gastrecht. Von Baabe aus kann man zum kleinen Fischerort **Lobbe** wandern. Er wurde durch ein Foto aus dem Jahr 1990 berühmt: Die junge Angela Merkel, zu diesem Zeitpunkt Ministerialrätin im Bundespresse- und Informationsamt und mitten in ihrem ersten Bundestagswahlkampf, sitzt mit fünf Fischern in der unaufgeräumten Hütte der Männer. Sie sehen sehr typisch aus. Zähe, wettergegerbte Kerle, müde von der vielen Arbeit. Die verschlossenen Gesichter drücken Ungewissheit, fast schon Erwartungslosigkeit aus. Niemand guckt Merkel an. Die Blicke gehen ins Leere. Der rauchende Fischer im Vordergrund scheint zu sagen: »Leute wie du werden uns sowieso nicht helfen.« Und mittendrin Angela Merkel, die mit ihrer unprätentiösen Frisur und Kleidung gar nicht mal so deplatziert wirkt. Mit etwas Optimismus hätte es auch der Anfang eines DEFA-Lustspiels sein können: Junge Hochschulabsolventin (gespielt von Angelica Domröse) kommt in die Männerwelt eines Fischereibetriebs, um dort die Arbeitsabläufe auf technisches Weltniveau zu heben. Zuerst von den Machos als neunmalkluger Backfisch ohne Ahnung vom richtigen Leben verspottet, wird sie dann aber wegen ihrer unbestrittenen Kompetenz und überraschenden Trinkfestigkeit akzeptiert. Der junge Fischer Udo (Manfred Krug) verliebt sich in sie, doch der gemeine Gewerkschaftssekretär Bernd (Hans-Peter Minetti) hat auch ein Auge auf sie geworfen und bringt die beiden geschickt gegeneinander auf. Als sich Udo daraufhin angetrunken mit der drallen Kellnerin Brigitte (Chris Doerk) tröstet, scheint endgültig alles vorbei zu sein. Doch schließlich gerät Bernd mit seinem Kutter mitten in ein Seemanöver der sowjetischen Streitkräfte. Nur die junge Absolventin, die gerade neben einem völlig unbeteiligten Hausmeister (natürlich Fred Delmare) steht, erkennt dies rechtzeitig. Sie überwindet sich und läuft zu Udo, der den bösen Bernd nur Sekunden vor dem Einschlag der Manövergranaten retten kann. Bernd gesteht daraufhin seine Intrige – und die Liebe siegt.

In Baabe steigt Herr Borchert zu. Ich erzähle ihm im Rasenden Roland von meiner Drehbuchidee. Er ist begeistert. Gerne würde ich mir Lobbe einmal anschauen. Aber ich habe Angst vor den Fischern.

Kraft durch Kreide –
Prora, Sassnitz, weiße Felsen
Tag 14: Rügen zum Zweiten

Herr Borchert wollte unbedingt in **Prora** übernachten. Also standen wir gestern Abend noch vor dem gigantischen Komplex, der alle zubetonierten Küstenorte dieser Welt vor Neid erblassen lässt. Ein endloser, 4,5 Kilometer langer Bau mit Meerblick, Ende der 1930er-Jahre von der NS-Freizeitorganisation Kraft durch Freude errichtet. Nach der Fertigstellung sollten hier einmal 20.000 Volksgenossen gleichzeitig Urlaub von der anstrengenden Weltherrschaft machen. Das wären immerhin zwei Personen pro Quadratmeter Strand gewesen. Den Beachvolleyball hätte man also getrost zu Hause lassen können. Das KdF-Seebad war eines der wichtigsten Prestigeprojekte des Dritten Reiches. Bekannte Baufirmen erhielten seinerzeit zahlreiche Großaufträge (darunter Hochtief, Holzmann und die Siemens-Bauunion). Deswegen wurden die geplanten Baukosten auch deutlich überschritten. Schon zwei Jahre nach Baubeginn hatten sie sich fast verfünffacht. Gut, dass man da heute besser aufpasst.

Die acht Wohnblöcke schafften es bis zum Rohbau, dann stoppte Hitler die Arbeiten »vorübergehend«, um kurz einen Weltkrieg dazwischenzuschieben. Nachdem sich dieser auch etwas länger als geplant hinzog, hat man die Baustelle irgendwie aus den Augen verloren. Dabei soll der »Koloss von Prora« ja das einzige Bauwerk neben der chinesischen Mauer sein, das man von einer fliegenden V2 aus sehen kann. Zu DDR-Zeiten waren hier Tausende Soldaten stationiert. Eine Eliteeinheit der NVA trainierte in den Gebäuden den Häuserkampf. Bausoldaten – Waffendienstverweigerer in Uniform – mussten hier Schwerstarbeit leisten.

Nach der Wende herrschte dann erst einmal allgemeine Ratlosigkeit. Was sollte man mit so einer Anlage anfangen? Es eröffneten Museen, Galerien und riesige Youth Hostels, aber was man auch tat: Der größte Teil blieb ungenutzt. Inzwischen sind nun doch alle Blöcke irgendwie verkauft. Es sollen Wohnungen und Hotels entstehen. Ab jetzt wird das sicher alles ganz schnell gehen. Die Architekten der Hamburger Elbphilharmonie sollen schon ihre Unterstützung angeboten haben.

In einem Seitengebäude befindet sich auch die größte Diskothek der Insel – das M3. »M« soll für »Miami« stehen. Wofür die »3« steht, wird nicht verraten. Ich will nicht zu viel versprechen, aber schon der Eingang bietet eine einmalige Zeitreise in die frühen 1990er-Jahre. Das findet man so heute gar nicht mehr.

Zum Glück bekommen wir noch zwei Zimmer in der Jugendherberge. Ich will Herrn Borchert überreden, mit mir noch ins M3 zu gehen. Doch er stellt sich stur und will statt dieses »hirnlosen Gestampfes« lieber noch die Anlage abschreiten. »Mecklenburg-Vorpommern – Betonköpfe am Meer«, grummele ich und wünsche eine gute Nacht. Der Mecklenburg-Vorpommer gilt als loyal, treu und unbestechlich. Manche diagnostizieren auch einen Hauch Starrsinnigkeit. Es muss jedenfalls ziemlich viel passieren, bevor ein Einheimischer seine einmal getroffene Entscheidung wieder ändert. Das sollte schon in Richtung Naturkatastrophe gehen. Das Gute daran ist, dass man sich auf getroffene Absprachen in der Regel verlassen kann. Auch zu Verabredungen erscheint man in diesem Bundesland pünktlich. Und zwar selbst dann, wenn man weiß, dass der andere kurzfristig verhindert ist. Denn Flexibilität gehört nicht zu den ganz großen Stärken dieser Landsleute. Es gibt allerdings auch seltene Ausnahmen. So kann man mit Fug und Recht behaupten, dass die Rügener mehrheitlich nicht zur Stammwählerschaft der Partei Bündnis 90/Die Grünen gehören. Bei der Bundestagwahl 2013 erhielt sie deutlich unter fünf Prozent. Bei der Landtagswahl 2011 kam es auf Rügen wegen einer Nachwahl aber zu einer besonderen Konstellation: Die rechtsextreme NPD konnte einen Sitz im Landtag weniger erhalten, wenn Grüne und SPD in diesem Wahlkreis ein sehr gutes Ergebnis erzielten. Tatsächlich landeten die Grünen daraufhin bei fast 25 Prozent. Ein solches Wählerengagement hätte niemand erwartet.

Beim Frühstück am nächsten Morgen erzähle ich Herrn Borchert von dem großen Jugendfestival, das im Jahr 2003 vom Bildungsministerium Mecklenburg-Vorpommern in Prora durchgeführt wurde. Wir als Kabarett Dietrich & Raab sollten zur Eröffnung auftreten, quasi als Vorband für die Sportfreunde Stiller und Bundespräsident Rau. Unser Kabarettprogramm kannte man im Ministerium gar nicht, stattdessen hatten die Mitarbeiter bereits fünf jugendbezogene Themenkomplexe erarbeitet, zu denen wir uns witzige, aber problembewusste Sketche ausdenken sollten. Zum Beispiel »Abhängen an der Bushaltestelle«. Wir überlegten kurz: Immerhin hatte der Comedian Rüdiger Hoffmann auch schon mal als Anheizer für die Rolling Stones gespielt. Doch von ihm hatte Mick Jagger wahrscheinlich nicht verlangt, Sketche zum Problemkreis »Verzweifelte Versuche, die eigene, längst verflossene Jugend durch den Besuch völlig überteuerter Altherrenkonzerte zu konservieren« vorzutragen. Aber ganz genau wussten wir es natürlich nicht. Wir waren von der Idee, open-air vor 15.000 Jugendlichen pädagogisch wertvolle Sketche aufzuführen, jedenfalls nicht vollständig überzeugt. Schließlich sagten wir ab, obwohl uns das Ministerium im Gegenzug für den Arbeitsaufwand vorschlug, auf eine Gage zu verzichten.

Herrn Borchert scheint diese Geschichte nicht gerade vom Hocker zu hauen. Stattdessen schiebt er mich in die interessante Ausstellung des Proraer Dokumentationszentrums. Daneben gibt es auch noch ein Privatmuseum, das eigentlich fünf Museen in einem darstellt: KdF-Museum, NVA-Museum, Rügen-Museum, Freundschaftenmuseum (mit Exponaten aus anderen europäischen Ländern) und DDR-Motorradmuseum. Auf den ersten Blick erschließt sich diese Zusammenstellung nicht unbedingt. Auf den zweiten Blick allerdings auch nicht. Aber die Menge der zusammengetragenen Ausstellungsstücke ist wirklich beachtlich. Etwas skurril wird es jedoch, wenn man in der obersten Etage des ehemaligen NS-Baus ausgerechnet ein Wiener Kaffeehaus betritt, in dem österreichisches »Ambiente« (na ja ...), Wiener Kaffeespezialitäten und österreichische Gerichte angeboten werden. Nichts gegen einen gepflegten Riesengermknödel, aber ausgerechnet in einem Hitlerbau an der Ostsee ein österreichisches Café einzurichten – das ist schon eine ganz subtile Form der Ironie.

Mit dem Bus fahren wir nach Norden in die Hafenstadt **Sassnitz**. Dabei lernen wir den Ort schon mal ganz gut kennen, denn der Bus hält an jeder Laterne. Sassnitz ist für einen Küstenort ungewöhnlich hügelig. Ständig rennt man Treppen hoch und Straßen runter. Doch das gibt der Bäderarchitektur noch einmal einen ganz eigenen Reiz. Mediterrane Gefühle kommen an der Promenade auf, wenn das klare Wasser bei bestimmten Lichtverhältnissen intensiv grün und blau leuchtet. Im Hafen liegt ein britisches U-Boot – die HMS Otus, von dem aus der britische Geheimdienst alle Telefon- und E-Mail-Kontakte von und nach Sassnitz abhört. Zur Tarnung wird es als Ausstellungsobjekt des Fischerei- und Hafenmuseums vermarktet und kann besichtigt werden.

Vom Hafen im Ortsteil Mukran aus gehen Fähren nach Schweden und Russland. Im Jahr 1917 reiste Lenin, mit dem Zug aus dem Schweizer Exil kommend, über Sassnitz weiter in Richtung Heimat. Wenn die Bahn damals schon privatisiert gewesen wäre, hätte die Weltgeschichte vielleicht einen anderen Verlauf genommen: »Sehr geehrte Fahrgäste, die Große Sozialistische Oktoberrevolution, planmäßige Ausbruchzeit am 25. Oktober 1917, wird sich leider auf unbestimmt Zeit verschieben. Grund ist eine Signalstörung«, scherze ich gelungen. Herr Borchert erwidert nur, dass der Zug damals sehr wohl mehrere Stunden Verspätung hatte.

Doch ich habe vorläufig genug von dem ganzen Nazi- und Kommunistenkram. Ich brauche jetzt mal einen Kreidefelsen! Direkt hinter Sassnitz beginnt der **Nationalpark Jasmund**, der kleinste Nationalpark Deutschlands. Der reiche Baumbestand wird von Buchenwäldern dominiert, die hier so vorbildlich wachsen, dass sie UNESCO-Weltnaturerbe geworden sind. Hier entspringen auch kleinere Flüsse, die sich ihren Weg durch die leuchtend weißen Kreidefelsen graben und in der Ostsee ihr schnelles Ende finden.

Der **Piekberg** ist mit 168 Meter der höchste Berg der Mecklenburg-Vorpommerschen Ostseeküste. Er ist so hoch, dass hier sogar der Alpenstrudelwurm vorkommt. Einen Skipass muss man aber trotzdem nicht erwerben. Die Besichtigung des Königsstuhls, des wohl berühmtesten Felsens hier, kostet inzwischen allerdings 7,50 Euro. Ganz schön happig. Es gibt außerdem einen kostenpflichtigen Shuttlebus nach oben, doch wir sind ganze Männer und gehen natürlich zu Fuß.

Die Strecke ist anstrengender als erwartet. Nach einer Stunde merke ich langsam die typischen Symptome der Höhenkrankheit: Müdigkeit und Schwäche. Über kurz oder lang wird es wohl zu einer hypoxischen pulmonalen Vasokonstriktion kommen. Wie denn auch nicht? »MV –

hier bleibt Dir die Luft weg!«, keuche ich. Dann überholt uns eine Gruppe japanischer Senioren. Was die Äthiopier im Marathon, sind ja die Japaner im Langstreckentourismus. Schwächere Charaktere hätte diese Demütigung zusätzlich zermürbt, doch uns gibt sie noch einmal Kraft für den Schlussspurt. Kurz vorm Lungenödem kommen wir oben an. Doch wenn man auf dem prominenten Kreidefelsvorsprung steht, kann man seine eigentliche Schönheit leider gar nicht sehen. Den besten und kostenlosesten Blick auf den **Königsstuhl** hat man vom Meer. Oder von einem anderen Felsen aus – dem Aussichtspunkt Victoria-Sicht.

Wenn man den langen Hochuferweg entlangspaziert, kann man immer wieder Kreidefelsen und schöne Aussichten entdecken. Die berühmte Stelle, an der mehrere Passanten dem Maler Caspar David Friedrich vors Panorama gelaufen sind, ist heute übrigens nicht mehr zu identifizieren. Wegen des weichen Gesteins verändern sich die Felsformationen ständig.

Die Kreide stammt tatsächlich aus der Spätkreidezeit und ist etwa 70 Millionen Jahre alt. Sie entsteht aus Fossilien. Die ganzen Felsen bestehen also letztlich aus toten Tieren. Die Rügener Kreide wird bis heute abgebaut. Man benötigt sie zum Beispiel im Straßenbau, in der Teppichindustrie und als kosmetische Gesichtsmaske. Der Siegeszug der PowerPoint-Präsentationen hat der Nachfrage nicht geschadet. Tafelkreide ist heute sowieso meist aus Gips, denn nur damit kann das markerschütternde Quietschen erzeugt werden.

Eine lange Holztreppe führt vom Königsstuhl nach unten an den Strand. Nachdem wir die 412 Stufen genommen haben, wissen wir: Da gehen wir heute nicht mehr hoch. Stattdessen wandern wir hier unten in Richtung Lohme. Herr Borchert macht heute nicht den fittesten Eindruck. Plötzlich bleibt er stehen, öffnet sein Herrenhandgelenkstäschchen, nimmt eine Signalpistole heraus und schießt eine weit sichtbare rote Leuchtkugel übers Meer! Und ich habe mich schon immer gefragt, was in dieser Tasche wohl drin ist. Ich staune nicht schlecht. Und habe ein bisschen Angst vor dem, was jetzt passiert.

Zehn Minuten später tuckert ein Fischer mit seinem Motorboot langsam um die Küstenecke und fragt, was los sei. Nach meiner letzten Ranger-Erfahrung halte ich mich lieber im Hintergrund. Herr Borchert diskutiert ein bisschen, dann steigt er in das Boot und winkt mich hinzu.

Wenn man in Mecklenburg auf etwas vertrauen kann, dann auf die Hilfsbereitschaft. In den harten Winterzeiten mussten sich die Menschen auf dem Land aufeinander verlassen können und halfen sich notfalls ohne lange Diskussionen mit ein paar Kartoffeln oder einer attraktiven Ehefrau aus. Das hat sich erhalten. Ich erinnere mich an den Dreh für einen kabarettistischen Videoclip. Dabei war geplant, dass wir uns bei einer abendlichen Verfolgungsjagd auf einem Feld hoffnungslos festfahren. Wir haben die Szene so realistisch umgesetzt, dass wir uns tatsächlich hoffnungslos festfuhren. Die halbe Nacht lang versuchten wir mit Gummimatten, Ästen und Wagenheber, das Auto wieder freizubekommen. Kurz vor Sonnenaufgang riefen wir schließlich – durchgefroren und mit Feldschlamm überzogen – den ADAC in die menschenleere Gegend. Der ADAC-Mann besah sich das Feld und weigerte sich, seinen Wagen in den Matsch zu lenken. Stattdessen fuhr er mich ins nächste Dorf, damit ich einen Landwirt um Hilfe bitten könnte. Schon der erste Bauer willigte ein, uns mit seinem Traktor herauszuziehen. Eilig hatte er es dabei nicht. Zunächst melkte er in aller Ruhe zwei Stunden lang seine Kühe. Dann schleppte er uns vom Feld, ohne auch nur einmal zu fragen, wie wir in diesen Schlamassel geraten waren. Und wir hatten danach immerhin ganz starke fünf Sekunden für das Video.

Wir fahren etwa eine Stunde an der Küste entlang, dann legen wir am Minihafen eines wunderschönen kleinen Fischerdorfes an. Am Hochufer über dem Örtchen liegt eine anmutige achteckige Kapelle. Wir sind in **Vitt** – dem Geheimtipp schlechthin auf Rügen. Jedenfalls steht das in allen Reiseführern. Und es stimmt. In einem der alten Häuschen zeigt uns der Fischer zwei Gästezimmer und sagt: »Ich mach dann schon mal die Bratkartoffeln.«

Nach dem Abendessen gehe ich noch einmal zum Meer und schaue in die Abenddämmerung. Alles ist sehr still. Keine Autos, keine lärmenden Touristen. Nur die Brandung und die Sterne. Das ist vielleicht der friedlichste Ort und der romantischste Moment der ganzen Reise, denke ich. »Stimmt«, sagt Herr Borchert und geht ins Bett.

Sport in MV

Mecklenburg-Vorpommern hat einige bekannte Sport-mannschaften. Die Frauenvolleyballerinnen des Schwer-iner SC sind mehrfache Deutsche Meisterinnen. Der FC Hansa Rostock ist praktisch in allen Ligen zu Hause. Seine Fans sind berüchtigt dafür, mit Vorliebe fremder Leute Bahnhöfe zu zerlegen. In der Leichtathletik, im Radsport und Turmsprin-gen ist der eine oder andere Olympiasieg zu verzeichnen, den ein Athlet aus MV nach Hause gebracht hat. Und für Ur-lauber gibt es ebenfalls zahlreiche Möglichkeiten sportlicher Betätigung:

Segeln
Ist in MeckPomm quasi an jeder Ecke möglich, denn überall sind Seen und Meere und schicke EU-finanzierte Bootsanle-ger.

Walken
Zu jeder Jahreszeit beliebt, aber vor allem im Frühjahr und Herbst eilen Walkerinnen und Walker durch die Landschaft. Stöcke, Stirnbänder und Multifunktionsjacken sind überall erhältlich.

Beachvolleyball
An vielen Ostseestränden gibt es Volleyballnetze. Häufig werden hier auch Wettbewerbe ausgetragen, weil die Wer-beindustrie insbesondere die knapp bekleideten Volleybal-

lerinnen für sich entdeckt hat. Im Amateurbereich gilt Herren-Beachvolleyball am FKK-Strand als ästhetisch umstritten.

Angeln

Einheimische müssen eine längere Ausbildung samt Prüfung absolvieren, bevor sie einen Angelschein erhalten. Damit soll eine waidgerechte Erlegung der Tiere gewährleistet werden. Für Urlauber reicht hingegen eine Broschüre und ein 20 Euro teurer Touristenfischereischein. Damit dürfen diese die Fische dann nach Gutdünken abmurksen, was immer wieder zu schweren Verletzungen führt – auf beiden Seiten.

Radfahren

Das Fahrradwegenetz ist in MV recht gut ausgebaut. Viele wunderschöne Kleinode entdeckt man erst durch eine Fahrradtour. Leider gibt es immer wieder kürzere und längere Lücken auf den Strecken. Vor allem in den typischen Prachtalleen des Landes hat man deshalb Gelegenheit, ein nachhaltiges Lkw-Überholmanöver-Trauma zu erwerben.

Kiten und Windsurfen

An vielen Küstenorten gibt es inzwischen Surfschulen einschließlich attraktiver Lehrkräfte mit brüchigen Erwerbsbiografien. Das Surfen mit einem Lenkdrachen (Kitesurfen) ist seit einigen Jahren besonders im Kommen, denn an der Ostsee herrschen dafür sehr gute Windverhältnisse. Es ist allerdings auch nicht ganz ungefährlich. Eine Bö zur falschen Zeit und man endet in internationalen Hoheitsgewässern.

Minigolf

Inzwischen verfügt MV auch über diverse anspruchsvolle Golfplätze. In der Disziplin des Minigolfs ist die Infrastruktur in weiten Teilen des Landes jedoch deutlich besser entwickelt. Einziges Manko: Als einziges Bundesland hat Mecklenburg-Vorpommern noch keinen eigenen Minigolf-Landesverband. Hier hat die Politik versagt.

Tauchen

Die Gewässer der Mecklenburgischen Seenplatte sind zum Teil wahnsinnig klar. In einigen Seen sieht man unter Wasser besser als an Land. Abenteuerlustige gehen hingegen zum Wracktauchen. Vor allem um Rügen liegen Hunderte kleine und große Schiffe auf dem Meeresboden. Mit etwas Glück findet man in den Wracks noch eine Goldmünze oder eine Mikrowelle.

Illegale Autorennen

Treffpunkte sind häufig Tankstellen und Parkplätze von Schnellimbissketten. Tipp: Bei Schiedsrichterentscheidungen nicht diskutieren.

Kutschen, Schätze, blaue Scheunen

Tag 15: Hiddensee

Hoch stand der Sanddorn am Strand von Hiddensee«, sang Nina Hagen einst, noch bevor sie von Außerirdischen entführt wurde. Dieses Lied gehört zu den wenigen berühmten Schlagern, die spätere Generationen inhaltlich nicht mehr verstehen können, denn es geht darum, dass ein Schussel namens Micha nur einen Schwarz-Weiß-Film auf die Insel mitgenommen hat. Schwarz-Weiß-Film? Über derlei Spezialwissen aus der Zeit der analogen Fotografie verfügen heutige Kinder nicht mehr. Sie werden vor ähnlichen Verständnisschwierigkeiten stehen wie bei »Kriminal-Tango in der Taverne« oder »Itsy Bitsy Teenie Weenie Honolulu-Strandbikini«. Überhaupt ist ja die Frage, warum sich dieser Micha und das leicht hysterische lyrische Ich den vergessenen Farbfilm nicht einfach auf Hiddensee kaufen. (»Na, das ist ja wohl klar«, sagt Herr Borchert.)

Auf jeden Fall möchte ich jetzt auf diese Insel. Der Fischer von gestern bringt uns direkt dorthin. Vorher passieren wir die Kreidefelsen von Kap Arkona und die Halbinsel Wittow. Die Westseite Rügens ist noch nicht ganz so touristisch erschlossen wie der Osten. Hier dominiert weiterhin die Landwirtschaft. Manch leichtfertiger Bett-im-Kornfeld-Urlauber fand darum bereits ein jähes Ende unterm Mähdrescher.

Die regulären Fähren nach **Hiddensee** starten vor allem von Schaprode. Doch nur bei angenehmer Brise. Kommt zu starker Wind auf, wird der Betrieb zügig eingestellt. Dann bringen einen nur noch Wassertaxis zur nächsten Insel. Sie unterscheiden sich eigentlich nicht von den Taxis an Land. Auch hier rasen die Fahrer gern wie die Besengten zum Ziel. Dabei sitzt man ja nur in diesem Boot, weil der Seegang so hoch ist und einem eh schon gefährlich erscheint. Während man frontal durch die mannshohen Wellen bricht, liegt das Gepäck natürlich offen auf dem Deck herum. Als wir für zwei Dietrich-&-Raab-Auftritte einst auf diese Weise anreisten, mussten wir auf Hiddensee erst mal sämtliche Kabel und Verteilerdosen zum Trocknen aufhängen.

Wenn es im Winter richtig kalt wird, dann kommen auch die ungestümsten Wassertaxis nicht mehr durch und die Menschen sitzen auf der Insel fest. In Jahrhundertwintern – also alle sechs bis sieben Jahre – ist es nach einiger Zeit wiederum möglich, einfach über das Eis zu gehen. Sehr Verrückte fahren dann sogar mit ihrem Auto auf dem Eis. Deswegen findet sich auch so mancher Pkw auf dem Meeresgrund und verwirrt zukünftige Unterwasserarchäologen, die dann denken: »Oh, ein Honda Civic – hier muss das berühmte Vineta gewesen sein!«

Die Überfahrt mit dem Auto ist eigentlich sowieso Unsinn, denn Hiddensee ist autofrei. Nur ganz wenige motorisierte Fahrzeuge sind erlaubt, zum Beispiel ein Polizei- und ein Krankenwagen. Im Verteidigungsfall darf auch ein kleiner Panzer auf die Insel kommen, glaube ich. Auf dem knapp 17 Kilometer langen Eiland bewegt man sich also vor allem zu Fuß, per Rad oder mit der Pferdekutsche fort. Nur wochentags fährt alle zwei Stunden ein Bus. Heute ist natürlich Sonnabend.

Der Fischer hat uns im Hafen von **Kloster** abgesetzt. Das ist schon mal ein guter Anfang. Auf Hiddensee gibt es drei größere Orte: Vitte ist das Zentrum, Neuendorf im Süden der entspannte Ruhepol und Kloster im Norden die Seele der Insel. Hier liegt der Friedhof mit berühmten Insassen wie Gerhart Hauptmann (Schriftsteller, 1862–1946), Gret Palucca (Tänzerin, 1902–1993) und Walter Felsenstein (keine Ahnung). Diese prominenten Farbtupfer sorgen für ein bisschen Abwechslung auf dem Friedhof. Denn alle anderen Inselbewohner heißen hier Schlieker. Na gut, fast alle. Jedenfalls braucht der Insel-Steinmetz nicht sehr viele Schablonen für die Grabsteine. Manche Leute sagen, die geringe Zahl der Nachnamen sei der Grund dafür, dass die Inselbewohner selbst im Vergleich zu den übrigen Menschen in Mecklenburg-Vorpommern ein wenig wunderlich erscheinen. Ich aber glaube, dass es sich dabei um eine absichtliche Verschwörung handelt, um die Menschenmassen von der Insel wegzuhalten. Sobald ein Fremder in Hörweite kommt, tut man einfach ein bisschen merkwürdig. Diese Methode funktioniert allerdings ganz und gar nicht. Je grummeliger sich die Eingeborenen geben, desto ursprünglicher wirkt Hiddensee auf die Besucher.

Übrigens kamen auch Künstler nach Hiddensee, die sich hier nicht gleich begraben lassen wollten: Günter Grass, Käthe Kollwitz, Joachim Ringelnatz, Hanns Dieter Hüsch und viele andere. Im Grunde zog es fast alles, was in der deutschen Kunst und Literatur Rang und Namen hat, irgendwann einmal auf diese Insel. Und ganz besonders auch alles, was in der deutschen Kunst und Literatur weder Rang noch Namen hat. Auch Albert Einstein, lese ich gerade auf einer Gedenktafel, soll mehrfach hier gewesen sein. Der schon wieder! Dafür, dass er angeblich so viele wichtige Dinge entdeckt haben soll, war er aber ziemlich oft im Urlaub. Vielleicht wird es Zeit, dass jemand mal seine Doktorarbeit überprüft. Sie war 17 Seiten lang und hat hohe Wellen in der Molkereikunde geschlagen.[9] Das ist doch alles mehr als verdächtig.

Für Hiddensee sollte man etwa eine Woche einplanen. An einem Tag arbeitet man gemütlich alle Sehenswürdigkeiten ab – und den Rest der Woche kann man entspannen. Eigentlich muss man dann nur noch zwischen Strandkorb und Fischrestaurant pendeln. Und im Herbst und Winter, wenn es hier ganz besonders ruhig ist, lässt man den Strandkorb einfach weg.

Zwei Minuten vom Friedhof entfernt liegt das frühere Sommerhaus von Gerhart Hauptmann. Es kann besichtigt werden und ist Ort zahlreicher Literaturveranstaltun-

---

9   Vgl. Einstein, Albert: *Eine neue Bestimmung der Moleküldimensionen*, Bern 1905. Die Theorie, so munkelt man hinter vorgehaltener Hand, könne das Verhalten von Kaseinpartikeln in der Milch erklären.

gen. In Kloster befindet sich auch das **Heimatmuseum** der Insel. Auf Hiddensee wurde ja immerhin einmal ein echter Goldschatz gefunden, der Hiddenseer Goldschmuck: 16 filigrane Teile, die vermutlich Ende des 10. Jahrhunderts von wikingischen Goldschmieden gefertigt wurden. Angeblich wurden die einzelnen Elemente in den 1870er-Jahren über mehrere Monate hinweg am Strandufer der Insel entdeckt. Doch die Fundhistorie ist ziemlich mysteriös. Heute ist der Schmuck etwa 70 Millionen Euro wert. Er kann hier im Heimatmuseum zwischen zehn und 16 Uhr (in der Nebensaison zwischen elf und 15 Uhr) nicht besichtigt werden, denn er liegt im Tresor des Naturhistorischen Museums Stralsund. In beiden Museen sind aber Repliken ausgestellt.

Wir verzichten ausnahmsweise auf Hauptmann und Goldschmuck und wandern stattdessen gleich zum **Leuchtfeuer Dornbusch**. Der Leuchtturm liegt ein Stück nördlich auf einem kleinen Hügel und ist sehr berühmt. Der Wetterbericht des *Nordmagazins* im NDR-Fernsehen – ein mecklenburg-vorpommerscher Straßenfeger – wird nämlich jeden Tag von Hiddensee aus verkündet, und sehr häufig stehen die jeweiligen Meteorologen vor diesem schönen weißen Leuchtturm. Viele denken sogar, das Wetterstudio befände sich direkt in dem Turm. Ich dachte das eigentlich auch, doch nachdem ich die 20 Meter zur Aussichtsplattform hinaufgestiegen bin, finde ich nichts außer einer klassischen Fresnel-Linsen-Halogenmetalldampflampe.

Wir steigen mal wieder eine lange Treppe zum Strand hinab und spazieren nach **Vitte**. Hier steht die berühmte Blaue Scheune, die neben dem Leuchtfeuer auf allen Postkarten der Insel abgebildet sein muss. Sie ist bekannt dafür, dass sie früher einmal eine Scheune war und heute blau ist.

Wir besuchen eine Nachmittagsvorstellung der kleinen, sehr gemütlichen Seebühne Hiddensee im Zentrum Vittes und sehen ein ziemlich spannendes Puppentheaterstück. Bis hierhin hat sich das Imperium des Ostseekaspers also noch nicht ausgedehnt! Ein weiteres Bollwerk gegen die Moderne. Vom Festland lässt man sich hier nämlich überhaupt nichts sagen. Der Bürgermeister zum Beispiel galt im ganzen Land als nicht mehr satisfaktionsfähig (Ex-Mitglied der rechtsextremen DVU, mutmaßlicher Ex-Stasi-Mitarbeiter, Verschrecker argloser Schülerzeitungsredakteurinnen). Doch je größer die Skandale, desto mehr hielten die Einwohner zu ihm. Das ist sehr typisch für die Gegend: Hätten Medien und Landespolitik den Bürgermeister verteidigt, wäre er seinen Job schon längst los. Tja, vielleicht sollte ich lieber einen Inselslogan erfinden? Das wäre leicht: »Hiddensee. Mit uns. Nicht!«

Wir wandern weiter nach **Neuendorf**. Zunächst auf dem Deich, dann zwischen Feldern, Wiesen und herrlicher Heidelandschaft. Dabei muss man stets sehr gut auf den Weg achten, denn er ist gelegentlich gesäumt von Pferdeäpfeln mittelgebirgsähnlichen Ausmaßes. Der Volksmund sagt, es bringe Glück, wenn man in sie hineintritt. Aber der Volksmund lügt.

Das Angebot an Hotels und Pensionen auf Hiddensee ist begrenzt, denn über Jahrzehnte durfte auch Baumaterial nur mit Pferdefuhrwerken transportiert werden.

Doch sehr viele Einheimische vermieten Gästezimmer und Ferienwohnungen. In der Inselinformation haben wir uns die Adressen von Vermietern besorgt. Hier in Neuendorf haben wir noch die Wahl zwischen D. Schlieker, U. Schlieker und K.-H. Schlieker. Weil es nicht gern gesehen ist, wenn man nur eine Nacht buchen will, sage ich Frau Schlieker, dass wir mindestens eine Woche bleiben. Der kleine Enkel der Vermieterin streckt während der Klärung aller Formalitäten ausdauernd seine Zunge in meine Richtung raus. In Neuendorf war Einstein also auch.

Am Abend fragt mich Herr Borchert, ob ich jetzt eigentlich schon einen guten Werbespruch für Mecklenburg-Vorpommern gefunden habe. So eine Frage hat mir gerade noch gefehlt. »Ach, lassen Sie mich doch in Ruhe!«, entgegne ich genervt. Herr Borchert überlegt kurz, dann sagt er: »Finde ich prinzipiell schon mal nicht schlecht.«

Ein sauteures Ozeaneum und ein schweineteurer Besuch

Tag 16 (vormittags): Hansestadt Stralsund

Am nächsten Morgen wache ich mit Magenkrämpfen und akutem Herzrasen auf. Ich kann kaum noch atmen und spüre meinen rechten Oberschenkel nicht mehr. Mit meinen Medikamenten kann ich die Situation vorübergehend beruhigen, doch in den nächsten Stunden sollte ich dringend in ein Krankenhaus! So etwas gibt es auf Hiddensee natürlich nicht. Darum nehmen wir sofort die nächste Fähre von Neuendorf nach **Stralsund**. Das Frühstück holen wir auf dem Schiff nach: zweimal Bockwurst mit Senf. »Das mit dem tauben Oberschenkel war vielleicht ein bisschen sehr dick aufgetragen«, murrt Herr Borchert. Aber wie sollten wir sonst aus unserem einwöchigen Mietvertrag rauskommen?

Der Weg über das Wasser ist die schönste Art, um nach Stralsund zu reisen. Denn dabei hat man eine sensationelle Sicht auf das Stadtpanorama mit den vielen hohen Backsteinkirchen, den Speichern und hanseatischen

Bürgerhäusern, in deren historische Silhouette sich der moderne Bau des Ozeaneums einschmiegt.

Stralsund ist eine stolze Hansestadt und kann auf eine lange Geschichte militärischer Auseinandersetzungen zurückblicken. Im Dreißigjährigen Krieg trotzten die Bewohner der Belagerung Wallensteins (der wahrscheinlich bereits durch das Barther Bier geschwächt war). In den Freiheitskriegen starb hier 1809 der tollkühne Freikorpsanführer Ferdinand von Schill bei dem nicht ganz so tollkühnen Versuch, vor dem Ende der verlorenen Schlacht gegen die Franzosen noch rechtzeitig abzuhauen. Zuletzt tobte in der Stadt der berühmte Stralsunder Fischbrötchenkrieg. Dabei wurden mehrfach Anschläge auf den Vize-Oberbürgermeister verübt, der für die Lizenzvergabe an Fischkutter mit Brötchenverkauf zuständig war. Eines Morgens fand er sogar 400 Gramm TNT vor seiner Haustür. Das ist Vorpommern: Sex, Fischbrötchen & Rock 'n' Roll! Oft auch nur Fischbrötchen. Offenbar lassen sich mit so einem Verkaufsstand wirklich enorme Umsätze generieren. Vor allem im Stralsunder Hafen. Kein Wunder: Wenn sich die Besucher im **Ozeaneum** ausführlich über bedrohte Fischarten und den Raubbau in den Meeren informieren, haben sie danach natürlich Appetit auf ein leckeres Fischbrötchen.

Schon zu DDR-Zeiten war das Meereskunde-Museum in der Innenstadt ein Besuchermagnet. In der großen Halle einer ehemaligen Dominikanerkirche aus dem 14. Jahrhundert gab es sehr große Walskelette und unzählige Aquarien mit exotischen bunten Fischen zu besichtigen. Ein besonderes Highlight für die Kinder war die multimediale Aufbereitung eines großen Globus: Hier konnte man einige Knöpfe drücken und damit kleine Lämpchen in den Karten zum Leuchten bringen. Wahnsinn! Viele Kinder kamen eigentlich nur ins Museum, um stundenlang an diesen Bedienpulten herumzuspielen. Damit hatten sie nach 1990 einen entscheidenden Übungsvorsprung im Game-Boy-Milieu.

Museum und Globus existieren immer noch, doch das Ozeaneum ist heute die deutlich bekanntere Einrichtung des Deutschen Meeresmuseums. Der 60-Millionen-Euro-Bau wurde im Sommer 2008 eröffnet. Seitdem strömen bis zu eine Million Besucher pro Jahr dort hinein. Gleichzeitig ist dadurch auch irgendetwas mit Stralsund passiert. So sehenswert die weitgehend umteichte Innenstadt auch früher schon gewesen sein mochte – in Stralsund wollte man traditionell nicht tot überm Zaun hängen. Hier war bis vor wenigen Jahren so dermaßen nichts los, dass man ab 18 Uhr in der City glauben musste, die Bewohner wären wegen einer gefährlichen Seuche evakuiert worden. Die einzigen Personen, die man noch zu Gesicht bekam, waren die Verkäufer von Peek & Cloppenburg – aus unerfindlichen Gründen hatte das Textilwarenhaus auch noch nach 18 Uhr geöffnet. Inzwischen ist aus Stralsund zwar nicht gerade eine pulsierende Metropole geworden, kein »[beliebige Großstadt einsetzen] des Nordens«, aber wie nach einem Katastrophenschutzeinsatz sieht es auch nicht mehr aus: Man trifft wieder echte Menschen auf den Straßen an.

Leider hatte Stralsund das Pech, im Wahlkreis der Bundeskanzlerin zu liegen. Dadurch wurde die Stadt mehrfach von Staatsgästen heimgesucht. Bereits 1984 trafen sich hier der schwedische Ministerpräsident Olof Palme und Erich Honecker. Dieser Zusammenprall von freier und unfreier Welt gefiel Angela Merkel offenbar so gut, dass sie 2006 George W. Bush in die Hansestadt einlud. Der Sicherheitsaufwand war erheblich. So wurden allein 800 Gullydeckel zugeschweißt, denn die Amis sollen ja klauen wie die Raben. Damals sprach man hier allenthalben vom »teuersten Schwein der Welt« – und meinte damit das Wildschwein-Barbecue für die Bush-Delegation im nahegelegenen Dorf Trinwillershagen. In Stralsund bekamen dann 1.000 handverlesene Einheimische deutsch-amerikanische Fähnchen zum Wedeln in die Hand gedrückt und mussten sich über den lieben Besuch freuen. Viele der Beteiligten haben sich das bis heute nicht verziehen.

Querdenker mit Selbstzweifeln
Tag 16 (nachmittags): Hansestadt Greifswald

Gegen 14 Uhr weckt Herr Borchert mich. Wir haben das Ozeaneum besichtigt und ich bin offenbar unter den hängenden Walen eingeschlafen. Im letzten Ausstellungsraum sind große Modelle von Walen und Riesenkalmaren an der Decke befestigt. Für die Gäste stehen harte Liegesessel bereit, überall sind Lautsprecher und Scheinwerfer. Regelmäßig startet eine Multimediashow, aber ich will nicht zu viel verraten. Vielleicht nur so viel: Hätte man sich doller vorgestellt. Aber im Saal davor befindet sich ein riesiges Aquarium mit Haien und einem kompletten Heringsschwarm. Das ist sowieso nicht zu toppen.

Es ist Zeit, wieder aufzubrechen. Vorpommern fühlt sich in diesem Bundesland ja traditionell immer benachteiligt. Der ganze Landstrich ist manchmal eine kollektiv beleidigte Leberwurst. Und es stimmt ja auch: Wer »Mecklenburg« sagt, meint eigentlich oft Mecklenburg-Vorpommern – und jeder versteht das. Umgekehrt würde das hingegen nicht funktionieren. Wer Mecklenburg-Vorpommern meint, aber »Vorpommern« sagt, wird mit allerlei Missverständnissen konfrontiert. Das ärgert die Vorpommer natürlich. Aber wenn man dann mal im Osten unseres Bundeslandes, meinetwegen in Neubrandenburg oder Neustrelitz, sagt: »Schön bei Ihnen in Vorpommern!«, dann heißt es gleich wieder maulig: »Wieso? Wir liegen doch gar nicht in Vorpommern!« Man kann es ihnen nicht recht machen. Für alle westlichen Bewohner dieses Bundeslandes ist der gesamte östliche Landesteil nun einmal Vorpommern, auch wenn der Südosten noch zu Mecklenburg gehört. Hier in Vorpommern fehlt ganz einfach das Selbstvertrauen. In der Nähe von Greifswald wirbt eine Gemeinde am Ortsausgang ernsthaft mit dem Slogan: »Süderholz – Hier kommen Sie gut weg!« Könnte von mir sein.

Vor allem die beiden vorpommerschen Zentren Stralsund und **Greifswald** setzen Quengelakzente. Ob Theater oder Oberzentrum-Status – alles müssen sich die beiden Städte miteinander teilen. Bei so viel ungerechter Behandlung will ich natürlich nicht abseits stehen: Von Stralsund haben wir eigentlich genug gesehen, die andere Hälfte des Tages verbringen wir in Greifswald. Und dort kann eigentlich Herr Borchert mal die Berichterstattung übernehmen. In Vorpommern kommt's ja nicht so darauf an ...

(Lutz Borchert:) Ich habe Herrn Dietrich das Tagebuch aus der Hand genommen. Wenn es nach mir gehen würde, wäre ich natürlich noch eine Nacht in Stralsund geblieben. Aber für eine Pointe würde der ja seine Großmutter verkaufen. Wir fahren mit der Eisenbahn, darauf habe ich bestanden. Einfach mal kein »originelles« Fortbewegungsmittel, kein Floß, keine Draisine, kein Kampfpanzer, der uns ein Stück mitnimmt. Nur die normale Deutsche Bahn. Die verpassen wir natürlich beinahe, weil sich Herr Dietrich im Bioladen am Stralsunder Bahnhof noch irgendeinen veganen Brotaufstrich kaufen musste. Die Fahrt mit dem Regionalexpress soll 19 Minuten dauern. Und sie dauert GENAU 19 Minuten! Der Zug ist klimatisiert. Niemand quatscht laut in sein Handy. Ich habe gehört, dass es Comedians gibt, die irgendwann nur noch Texte über ihre Bahnfahrten schreiben, weil sie sonst nichts mehr erleben. Denen sei gesagt: Wenn Sie das auch mit der Fahrt von Stralsund nach Greifswald machen wollen, dann werden das ganz bittere 19 Minuten für Sie! Hier passiert nämlich absolut nichts Außergewöhnliches.

Die Hansestadt Greifswald ist ein sehr gelungenes halbes Oberzentrum. Gerade für Vorpommern. Die DDR-Führung wollte einst die komplette Innenstadt abreißen und im angepassten Plattenbaustil neu errichten. Viele Menschen sollen heute froh darüber sein, dass man damals Abstand von dem Plan genommen hat. Ich aber finde: Probieren geht über Studieren.

Apropos: Greifswald hat natürlich ein großes Problem – die Stadt ist voller Studenten. Von allen Seiten kommen sie mit ihren Fahrrädern angerast und versetzen die Passanten in Angst und Schrecken. Fast jeder vierte Einwohner gibt vor, hier irgendetwas zu studieren. Zum Beispiel Fennistik. Das soll so etwas wie finnisch-estnische Philologie sein. Ganz, ganz wichtig. Finnisch-estnische Philologen werden ja praktisch immer gesucht.

Die meisten enden dann natürlich als Pressesprecher von Nokia. Das wünscht man ja keinem.

Ansonsten sind hier alle Menschen glücklich, denn die größte Sorge dieser Stadt ist die Frage, ob Fahrradfahrer künftig diagonal über eine große Kreuzung fahren dürfen. Querdenker und Gegner der Diagonalquerung liefern sich hier harte Auseinandersetzungen. Die Europakreuzung ist so etwas wie der Tempelberg Greifswalds – jede Verkehrsreligion erhebt Anspruch darauf.

Herr Dietrich sagt gerade, Greifswald wäre die intelligentere Schwester von Stralsund. Dann möchte ich allerdings nicht ihren dümmeren Bruder sehen. Gut, den Scherz hat er nicht verstanden. Doch nicht immer so helle, unser Humorprofi. Natürlich ist Greifswald seit Jahrhunderten das intellektuelle Zentrum Vorpommerns. Außerdem hat die Stadt mit Caspar David Friedrich einen der bedeutendsten deutschen Maler hervorgebracht. »Obwohl er keine Gesichter malen konnte«, sagt mein Begleiter. Aber Gesichter sind ja auch das Schwerste. Wir besuchen das Pommersche Landesmuseum, denn in der Gemäldegalerie des Museums sollen unter anderem sieben Friedrich-Bilder zu sehen sein. Zum Beispiel das Gemälde *Neubrandenburg* (1816/17). Herr Dietrich sieht es kurz an und sagt: »Tja, wunderschönes Vorpommern.« Es gibt hier sogar einen echten Van Gogh, *Allee in Arles* (1888). Auch ganz hübsch, aber mit Neubrandenburg kann so ein Provence-Kaff natürlich nicht mithalten.

Darüber hinaus bietet auch Greifswald alles, was in einer gut sortierten Hansestadt nicht fehlen sollte: große Backsteinkirchen, einen schönen und wenig bevölkerten

Marktplatz mit gotischen Giebelhäusern und einen Hafen. Ungewöhnlich ist, dass hier auch wirklich Schiffe liegen, darunter viele echte und nicht ganz so echte Traditionssegler. Was will man also mehr? Hier muss sich doch irgendein verdammter Slogan für dieses Bundesland finden lassen. Keine Ahnung, zum Beispiel so was wie: »Mecklenburg-Vorpommern – mehr als man erwartet!« Oder vielleicht so: »Meer als man erwartet!« Da hat man gleich eine pfiffige Doppelbedeutung. Dass darauf noch niemand gekommen ist. Obwohl, das klingt ein bisschen so, als hätte das Land einen schlechten Ruf. So geht es auch wieder nicht. Okay, ich hab's: »Mecklenburg-Vorpommern – Meer oder weniger genauso wie man's erwartet!«

Herr Dietrich lobt meine Vorschläge, doch in seinen Augen sehe ich die Wahrheit. Er sagt, er will noch zur Klosterruine Eldena. Das war ja wieder klar: Wir besichtigen hier gerade eine topsanierte Hansestadt, aber Herr Dietrich will natürlich lieber Ruinen sehen. Wenn er im Vorpommerschen Landesmuseum gerade etwas besser aufgepasst hätte, wüsste er, dass die Ruine Eldena im Riesengebirge steht. Caspar David Friedrich hat sein Gemälde schließlich genauso genannt. Doch als wir wenig später am Ostrand Greifswalds vor der großen Ruine des früheren Zisterzienserklosters stehen, weiß ich: Caspar David Friedrich hat gelogen. So, wie alle Künstler lügen!

(Christopher Dietrich:) Ich nehme Herrn Borchert das Tagebuch lieber wieder weg. Interessant: Ich habe das Gefühl, unser Schreibstil ähnelt sich ein bisschen. Hätte ich nicht gedacht.

Das mit dem Lügen stimmt natürlich nicht. Künstler sind doch stets einer tieferen Wahrheit verpflichtet! Es ist schon dunkel geworden. Wir bräuchten jetzt dringend eine Übernachtungsmöglichkeit und eine Idee, wie wir unsere Reise morgen fortsetzen können. Als wir von der Ruine zurückgehen wollen, kommt uns ein aufgeregter Mann vom Parkplatz entgegen. Er habe einen kurzfristigen Termin reinbekommen und suche dringend jemanden, der heute Nacht auf sein nagelneues Luxuswohnmobil aufpasst. In Greifswald werde ja so viel geklaut, seit die NPD große Teile ihrer Parteifinanzierung wieder zurückgeben musste.

Rotz und Kühlwasser
Tag 17: Riems, Lubmin und Peenemünde

Kopfschüttelnd lese ich Herrn Borcherts Ausführungen zur Fennistik. Doch eine Sache stimmt: In keiner anderen Region Mecklenburg-Vorpommerns prallen Segen und Fluch der Wissenschaft so sehr aufeinander wie hier. In Wirklichkeit bestand ja nie die Gefahr, dass sich der Weltuntergang in MeckPomm um 50 Jahre verspätet. Wahrscheinlicher war stets, dass er hier beginnt.

Die Tod kommt als Meerschweinchen. Oder die Rettung. Im Südwesten des Greifswalder Boddens jedenfalls liegt die **Insel Riems**. Sie begrüßt Besucher mit dem vermutlich einzigen Meerschweinchenmahnmal der Welt. Allerdings kommen nur selten Besucher hierher, denn die Insel ist Sperrgebiet. In Riems wird nämlich an sehr gefährlichen Viren geforscht, weshalb höchste Sicherheitsstandards gelten. Einmal im Labor die Tür offen gelassen, schon sieht es ganz schlecht aus für die Menschheit. Wenn Terroristen wüssten, dass sie nur mit einem gemieteten Flugzeug in die Forschungseinrichtung brettern müssten, um sämtliche militärischen Geheimviren der letzten

80 Jahre freizusetzen, dann wäre am Flughafen Barth definitiv mehr los. Gott sei Dank werden diese Informationen streng unter Verschluss gehalten.

Was viele nicht wissen: Tierische Viren wurden einst in Greifswald erfunden. Oder entdeckt, wer will das heute noch genau unterscheiden. Bis dahin kannte man nur Bakterien. Erst 1898 identifizierte Friedrich Loeffler (1852–1915) die winzigen Organismen als Auslöser der Maul- und Klauenseuche. Vor Schreck steckte er dann gleich den Viehbestand in halb Vorpommern an. Danach wurden die Forschungen auf die Insel verlegt.

In der NS-Zeit experimentierte man hier mit Biowaffen. Die Deutschen interessierten sich offenkundig schon sehr früh für Bioprodukte. Nach dem Krieg wurde weiter an Impfstoffen und allerlei anderen Dingen geforscht. Heute übernimmt dies das Friedrich-Loeffler-Institut als Bundesbehörde. Außerdem treibt hier eine Pharmafirma ihr Wesen. Ob Tollwut oder Pest, ob Rifttalfieber oder Japanische Enzephalitis, SARS oder Ziegenpeter – in Riems kennt man sie alle. Wenn irgendwo in Europa plötzlich die Zungen blau werden, die Forscher untersuchen es.

Tatsächlich kann jeder seine gefangenen Mücken hierher einschicken – und bekommt eine genaue Bestimmung des Exemplars als Antwort. Eine etwas eigenartige Freizeitbeschäftigung, aber so beobachten die Wissenschaftler die Ausbreitung verschiedener Mückenarten (Tipp der Forscher: Mücke nicht totschlagen, sondern fangen und einfrieren. Das erleichtert die Obduktion). Friedrich Loeffler entdeckte übrigens nicht nur die Viren, sondern auch den Rotz.[10] Für viele der wissenschaftlichen Errungenschaften mussten allerdings zahllose Tiere ihr Leben lassen: In den 1920er-Jahren sollen die Forscher bis zu 70.000 Meerschweinchen pro Jahr für Untersuchungen zur Maul- und Klauenseuche »verbraucht« haben. Das Grab des unbekannten Meerschweinchens auf Riems erinnert uns daran.

Der kleine Ort **Lubmin** hingegen ist kein Sperrgebiet, obwohl viele das glauben, denn hier stand einmal das einzige große Atomkraftwerk der DDR, das Kernkraftwerk Nord. Eigentlich trug es den Namen des kommunistischen Widerstandskämpfers und SED-Funktionärs Bruno Leuschner, doch die Mitarbeiter des Kraftwerks nannten es ab 1986 auch liebevoll »Tschernobyl Nord«. Offenbar war an der einen oder anderen Stelle doch mal eine Schraube locker. Ein Super-GAU in Greifswald wäre womöglich sogar noch dramatischer gewesen, als der in Tschernobyl: Wer die Explosion überlebt hätte, dem hätten die freigesetzten mutierten Viren von Riems endgültig den Garaus gemacht.

Inzwischen ist der vollständige Rückbau fast abgeschlossen. Abriss und Entsorgung haben gut 2,5 Milliarden Euro gekostet. Unglaublich! Was man mit so viel Geld alles hätte machen können. Ein neues Atomkraftwerk bauen zum Beispiel. Um die alten Brennelemente vorübergehend aufzubewahren, wurde in Lubmin auch gleich ein Zwischenlager errichtet. Inzwischen haben sich allerdings auch ein paar Brennstäbe aus westdeutschen

---

10   Bakterielle Infektionskrankheit von Unpaarhufern.

Kraftwerken dort hineingeschmuggelt. Aber natürlich nur für eine kurze Übergangszeit. Höchstens bis 2039. Oder etwas länger.

Nicht allen Touristen fällt es vor diesem Hintergrund leicht, sich einen unbeschwerten Strandurlaub in Lubmin vorzustellen. Auf dem Ortseingangsschild bezeichnet man sich selbst als »Geheimtipp am Bodden« – was bleibt den Lubminern auch anderes übrig? Manchmal heißt »Geheimtipp« aber auch nur, dass man diesen Tipp lieber geheim lassen sollte. Doch das gilt nicht für Lubmin, denn es ist wirklich ein schönes kleines Seebad. Natürlich mit ...? Na klar: mit Seebrücke! Die Seebrückenindustrie hat nach 1990 an der ostdeutschen Ostseeküste noch einmal ordentlich Kasse gemacht. Den Besucher erwarten breite Strände und wenige, aber dafür furchtlose, vorurteilsfreie und kostenbewusste andere Touristen, die sich ebenfalls hierhergetraut haben. Nur einen touristischen Standortvorteil hat Lubmin mit der Stilllegung des Kraftwerks verloren: Das erwärmte Abwasser aus dem Kühlsystem macht den Bodden nicht mehr so schön mollig warm.

Wir können leider nicht in Lubmin bleiben, weil wir das teure Wohnmobil nach Usedom überführen sollen. Die Zeit drängt daher ein bisschen. Wenn viel Verkehr ist, staut es sich in der Stadt Wolgast vor der Brücke zur Insel. Manchmal kilometerlang. Es ist schon vorgekommen, dass der Jahresurlaub vorbei war, bevor die Reisenden Usedom überhaupt erreicht haben. Manchmal laufen Menschen, die beim Pkw-Kauf an der Klimaanlage gespart haben, auf der Suche nach Wasser orientierungslos durch die Wolgaster Straßen. Bisweilen sind vier starke

Männer nötig, um die ganz Verzweifelten davon abzuhalten, das Scheibenwischwasser ihres Autos zu trinken. In solchen Fällen gibt es nur eine einzige Möglichkeit, um die Menschen überhaupt wieder zu klarem Verstand zu bringen: Man schickt sie zu McDonald's ein paar Meter weiter vorne.

Gleich hinter McDonald's, über die Brücke (Blaues Wunder) und dann links wurde übrigens die Raumfahrt erfunden. Dort liegt die ehemalige **Heeresversuchsanstalt Peenemünde**, die 1936 von den Nazis – na, von wem auch sonst – recht zügig aufgebaut wurde. Hier entstand mit der V2 die erste Rakete, die auch in den Weltraum vorstoßen konnte. Weil im All seinerzeit noch kein Feind zu finden war, sollte mit den Raketen aber zunächst der Rest der Welt in Schutt und Asche gelegt werden. Dabei herrschte natürlich etwas Zeitdruck – dieser ungeduldige Hitler drängelte ja immer ein bisschen –, sodass dabei einiges schiefging. Manche Testraketen flogen nach dem Start wie Luftballons, aus denen plötzlich die Luft entweicht, kreuz und quer durch die Vorpommersche Küstenlandschaft. Andere explodierten noch am Boden. Wieder andere gar nicht. Trotzdem ist es natürlich eine ganz tolle Pionierleistung, sagen manche, mit einigen Tausend KZ-Häftlingen so eine tolle Rakete gebaut zu haben – die V2 ist sozusagen die Autobahn unter den Fluggeräten. 1992 plante die damalige Bundesregierung allen Ernstes zum 50. Jubiläum des V2-Jungfernfluges eine fröhliche Feier in Peenemünde. Gerüchte, nach denen der interne Arbeitstitel der Veranstaltung »Happy Birthday, Massenvernichtungswaffe!« lautete, stimmen aber wohl nicht.

Heute weiß man, dass mit Heinrich Lübke (»Sehr geehrte Damen und Herren, liebe Neger«) sogar ein früherer Bundespräsident als Bauleiter der Heeresversuchsanlage tätig war. Die Macher des inzwischen hier ansässigen Historisch-Technischen Museums betonen, dass sich die Zweischneidigkeit moderner Technik an kaum einem anderen Ort so deutlich zeige wie in Peenemünde. Alles sei hier wahnsinnig ambivalent. Aber das ist natürlich Quatsch. Es wäre ja auch nicht ambivalent, wenn Herr Borchert jemanden erschösse – und dabei eine ganz besonders originelle Schusstechnik entwickelte. Dasselbe gilt, wenn man ausgerechnet für die Nazis eine riesige Waffe baut, nur weil man Lust hat, irgendwann einmal einen kleinen Weltraumspaziergang zu unternehmen. Und darum ist Wernher von Braun, der Erfinder der ganzen Chose, selbstverständlich kein Pionier, sondern einfach nur das Abziehbild eines gewissenlosen Wissenschaftlers. Der nette Wernher von der SS.

Vielen Besuchern Peenemündes ist dies natürlich bewusst. Alle anderen wollen vor allem die geilen großen Raketen sehen. Herr Borchert und ich sehen hingegen gar nichts, denn wir stehen noch immer in Wolgast im Stau. Es soll weiter warm bleiben, sagt ein fragwürdiger »Wetter-Werner« im Heimatradiosender Antenne MV. Bei Antenne MV läuft der 1982er-Song *Major Tom (Völlig losgelöst)* von Peter Schilling seit Mitte der 1990er-Jahre auf Heavy Rotation. Es kommt jeden verdammten Tag. Außer freitags, da läuft der mäßig erfolgreiche Nachfolger *Terra Titanic* (1984). »Kein anderer Song zeigt die Ambivalenz der modernen Radiotechnik so sehr wie dieser

Hit aus dem schönen Jahr 1982«, sage ich. Doch Herr Borchert möchte sich weder zu Peter Schilling noch zu Wernher von Braun und schon gar nicht zu Wetter-Werner äußern.

Wir richten Schichten ein: Jeder kann sechs Stunden schlafen, während der andere hinterm Steuer den Stau betreut. Als Herr Borchert eingeschlafen ist, gehen mir Riems, Lubmin und Peenemünde noch einmal durch den Kopf: »Mecklenburg-Vorpommern – es hätte alles viel schlimmer kommen können!« Vielleicht ein bisschen lang, denke ich, während vor mir ein Mann aus seinem Auto springt, hysterisch auflacht und dann genüsslich anfängt, das Kondenswasser seiner Klimaanlage von der Wagenunterseite zu lecken.

Stehroller und Flugpioniere

Tag 18: Usedom und Anklam

Ich erwache in Polen. Nachdem Herr Borchert in der Nacht noch einige Stunden Stauwache übernehmen musste, hat er nach Erreichen der **Insel Usedom** einfach kräftig aufs Gas gedrückt – und nicht rechtzeitig gebremst. Nun diskutiert er mit zwei polnischen Polizisten, die sich augenscheinlich dafür interessieren, wie er in den Besitz dieses Wohnmobils gekommen ist. Es macht den Eindruck, als wären sie von seinen Erklärungsversuchen nicht endgültig überzeugt. Herr Borchert scheint sogar ziemlich in Bedrängnis zu sein, denn er hat für das Wohnmobil natürlich keinerlei Papiere. Es ist wohl Zeit, dass ich ihm aus dieser Bredouille helfe. Ich kann zwar kein Polnisch, aber dafür einige Brocken Russisch, das hat man in Polen ja auch gelernt. Ich nehme die beiden Polizisten also ein Stück beiseite und erkläre ihnen ruhig und vernünftig, dass sicher keinem Beteiligten geholfen ist, wenn man uns hier unter Generalverdacht stellt, nur weil wir aus Deutschland kommen. Die Polizisten verstehen natürlich, was ich meine. Sie telefonieren kurz und nehmen uns dann vorläufig fest.

Nach zwei Stunden auf der Polizeiwache Swinemünde dürfen wir wieder gehen. Zu Fuß, denn das Fahrzeug bleibt vorerst beschlagnahmt. Das wird nachher, bei der verabredeten Übergabe in Heringsdorf, wohl eine ziemlich peinliche Situation. Wir beschließen daher, den Besitzer des Wohnmobils nicht unnötig mit einer solchen Zusammenkunft zu belasten. Ehe wir die Wache verlassen, verabschiede ich mich bei den Polizisten noch mit einem freundlichen »Спасибо и до свидания!« Einer der Beamten springt wütend auf und knallt die Tür hinter mir zu.[11]

Über die Wojska Polskiego und die Swinemünder Chaussee laufen wir nach Ahlbeck zurück. Es ist fantastisch: Ohne das kleine Hinweisschild am Straßenrand würde man nicht mehr merken, dass man gerade die Grenze überschreitet. Inzwischen wohnen entlang der Grenze immer mehr Polen auf deutscher Seite – und pendeln zur Arbeit nach Polen.

Uns überholt eine Gruppe Rentner mit Stehrollern. Diese Segway genannten Fortbewegungsmittel, die aussehen wie Spaten auf Rädern, erfreuen sich an der Ostseeküste zunehmender Beliebtheit. Gerade bei Senioren gelten sie als Rollator 2.0. Manche heizen damit so schnell durch die Ostseebäder, dass sich Passanten oft nur durch einen beherzten Sprung in die Sanddornhecke retten können. Das will ich natürlich auch ausprobieren! Herr Borchert fängt an zu maulen, denn die Leihgebühr ist

---

11 Russisch ist in weiten Teilen Polens aus historischen Gründen weniger beliebt, als ich dachte.

ziemlich hoch. Aber wie soll ich mir sonst einen vernünftigen Slogan für Mecklenburg-Vorpommern ausdenken? Zu Fuß?

Es ist am Anfang etwas fummelig, aber wir haben die Geräte schnell im Griff. Die Straßen und Promenaden eignen sich perfekt für die Stehroller. Einzelne Verkehrsberuhigungshügel auf der Straße sorgen für erste Stunt-Einlagen. Irgendwann gibt es für diese Teile sicher auch eine Seniorenhalfpipe auf Usedom. Gefährlich wird es eigentlich nur, wenn man sich während der Fahrt zu lange vom Meerblick oder minderbekleideten Strandattraktionen ablenken lässt. Immerhin ist die gesamte Nordseite Usedoms ein langer, weißer Premiumstrand. So etwas muss man in der Karibik erst mal finden. »Findste nicht«, sagt Herr Borchert.

Die Ostseebäder **Ahlbeck**, **Bansin** und **Heringsdorf** haben sich im Jahr 2005 zur Gemeinde Dreikaiserbäder zusammengeschlossen, weil unsere lieben deutschen Kaiser gerne auf der Insel weilten. Wenn sie nicht gerade in Heiligendamm relaxten. Vor allem im August hieß es hier oft: »Hallo, Herr Kaiser!« Allerdings ist der Name »Dreikaiserbäder« etwas missverständlich, denn mehr als zwei Kaiser kamen eigentlich nie zu Besuch. Und man muss auch sagen: Am Ende hatte die Monarchie in Deutschland eine kleine Pechsträhne (1914–1918). Möglicherweise haben die Novemberrevolutionäre von 1918 ihr Leben auch nicht unbedingt dafür gegeben, dass sich überambitionierte Ostseebäder hundert Jahre später wieder zu den gestürzten autoritären Obrigkeiten bekennen, nur weil es so schön mondän klingt. Ein Jahr später wurde die Gemeinde daher bereits wieder in »Seebad Herings-dorf« umbenannt.

»Zu Kaisers Zeiten galt die Gegend hier als Badewan-ne Berlins«, sagt Herr Borchert. Immerhin. Auf jeden Fall besser als zum Beispiel das Bidet Hamburgs zu sein. Vor dem Zweiten Weltkrieg gab es eine schnelle Bahnverbin-dung zwischen der Metropole und Usedom, die über eine sensationelle Hubbrücke direkt auf die Insel führte. In nur zweieinhalb Stunden war der Berliner auf Usedom und konnte mit seiner herrlichen Berliner Schnauze die übri-gen Inselgäste anpflaumen. Heute braucht er dafür deut-lich länger, denn die Hubbrücke wurde von der Wehr-macht auf dem Rückzug gesprengt. Das übriggebliebene Mittelstück steht bis heute einsam in der Peene und be-eindruckt Mensch und Kormoran.

Wer sich das Bauwerk einmal ansehen und dabei gleichzeitig etwas Kultur erleben will, sollte im Juni in den kleinen Ort **Kamp** fahren, von dem aus die Brücke einst über die Peene zur Insel führte. Der ostdeutsche Musi-ker Hans-Eckardt Wenzel veranstaltet hier mit Blick auf die Brücke einmal im Jahr einen neunstündigen Lieder-marathon, zu dem Menschen aus ganz Deutschland an-reisen, um mit melancholischer deutscher Romantik und unkonventionellen Saufliedern in den Sommer zu tanzen. Organisiert wird alles – von der Schmalzstulle bis zu den Dixiklos – ehrenamtlich durch die Bewohner des Ortes. Hier treffen vorpommersche Urwüchsigkeit und intellek-tuell-alternativ angehauchtes Großstadtpublikum aufei-nander – und am Ende liegen sich alle weinselig in den Armen. Grundsätzlich steht der Vorpommer ja allem zunächst äußerst skeptisch gegenüber. Aber wenn er jemanden erst einmal ins Herz geschlossen hat, gilt das mehr oder weniger für immer. Dann wird man ihn praktisch nicht mehr los, selbst wenn man wollte.

Wir stehrollern weiter auf Usedom herum. Auch das Hinterland und die Boddenseite der Insel können überzeugen. Endmoräne, wohin das Auge blickt. Hier hat die glaziale Serie ganze Arbeit geleistet. Dennoch: Irgendwie bin ich mit meinen Gedanken woanders. Die letzte Woche dieser Tour ist angebrochen, und noch immer habe ich nicht viel erreicht. Inzwischen hat sich bei mir auch eine leichte Sättigung im Hinblick auf touristische Freizeitangebote eingestellt. Oder anders formuliert: Wenn ich heute noch an einem verdammten Spaßbad vorbeikomme, dann versenke ich meinen Stehroller darin! Usedom ist wahrscheinlich die ungekrönte Meisterin der saisonverlängernden Maßnahmen und wetterunabhängigen Amüsiermöglichkeiten. Die Königin der nach Abwechslung schreienden ADHS-Gesellschaft: Es gibt Kletterwände, Reptilienausstellungen, Streichelzoos, internationale Modeschauen, Zweiradmuseen, Bügeleisenmuseen, selbstverständlich auch hier ein einzigartiges umgedrehtes Haus, Kletterwälder, Terrakotta-Armeen und andere typisch norddeutsche Sehenswürdigkeiten, Gokartbahnen, Golfplätze, Muschelmuseen, DDR-Comic-Ausstellungen, Tropenhäuser und eben sehr viele Spaßbäder. Es herrscht lediglich ein eklatanter Mangel an Minigolfanlagen. Das merkt man sofort.

Kopfschüttelnd sage ich: »Früher haben wir im Urlaub noch Bücher gelesen und Tretboote ausgeliehen, heute hält man es offenbar keinen Tag ohne Kitesurfen und Körperwelten-Ausstellung aus.« Herr Borchert guckt mich kurz misstrauisch an und sagt dann mit unverkennbarem Erstaunen: »Das sehe ich genauso, Herr Dietrich.« Ich glaube, in diesem Moment ist das Eis zwischen uns endgültig gebrochen.

Wir sind uns einig, dass wir langsam weiterfahren sollten. Mittlerweile ist der Nachmittag hereingebrochen, und ich möchte heute noch nach Anklam. Die Segways fahren jedoch nicht schneller als 20 Stundenkilometer. Genug Zeit, um Herrn Borchert die ganze Geschichte von dem Auftritt, den Gutshäusern und der schönen Restauratorin zu erzählen. Als ich nach fast zwei Stunden fertig bin, sagt er anerkennend: »Hab' ich mir schon gedacht.«

Inzwischen haben wir gut die Hälfte der Strecke geschafft, doch nun scheinen die Akkus der Stehroller ihren Geist aufzugeben, denn wir werden immer langsamer. Sobald wir an kleinere Hügel geraten, tragen ab jetzt wir die 50 Kilogramm schweren Teile nach oben und rasen dann ohne Rücksicht auf Verluste hinunter, um die Batterien bergab ein wenig aufzuladen. Als ich Herrn Borchert erzähle, dass der Besitzer der Firma Segway vor einigen Jahren mit einem Stehroller über eine Klippe in den Tod gefahren ist, kühlt sich unser Verhältnis schlagartig wieder ab. Nur mit Mühe kann ich ihn davon überzeugen, dass zurzeit keine Gefahr besteht. Die Frage ist vielmehr, ob unsere aktuelle Geschwindigkeit im engeren Sinne überhaupt noch als Fortbewegung bezeichnet werden kann.

Endlich erreichen wir **Anklam**! Mittlerweile ist es dunkel geworden. Es gibt Leute, die das für keine gute Ankunftszeit in Anklam halten. Anklam ist eine sehr aparte kleine Stadt, keine Frage. Allerdings hat sie ein gewisses N***problem. Viele Einheimische sehen das ausgesprochen kritisch. Also, nicht die N****, sondern dass Medien und engagierte Menschen über das N***problem berichten. Wie in immer mehr deutschen Städten sorgt die Aufnahme von A********* auch hier für größeren Widerstand als N***aufmärsche oder a***************** Schmierereien. Dabei gibt es in MeckPomm kaum A******* und in Vorpommern schon gar nicht. Der Anteil liegt landesweit bei unter zwei Prozent. G*****bereite N***trupps, die wehrlose A******* v******** oder gar u******** wollen, müssen oft tagelang nach geeigneten Opfern suchen. Doch hier trinkt mancher C**-Abgeordnete in den Sitzungspausen mit ihren N**-Kollegen schon mal gemeinsam ein Käffchen. Die Ausgrenzung anderer Menschen, so die Begründung eines C**-Vertreters (»Ich erinnere gern an das Dritte Reich«), hätten wir ja unter den N**** schon einmal gehabt. Man sieht, wer für einige Anklamer inzwischen die eigentlichen Opfer sind. R*********** und a***************** Äußerungen, f*********** Parolen, klare Bekenntnisse zum N***************** und Anspielungen auf A**** H*****, die H*******-Leugnungen, ja selbst Verbindungen zum organisierten V********* usw. usf. werden da geflissentlich ignoriert.

Inzwischen beteiligen sich immer mehr Menschen an Initiativen wie dem Bündnis »Vorpommern: weltoffen, demokratisch, bunt«. Darum ist es den vielen demokratisch gesinnten Einheimischen gegenüber natürlich unfair, Anklam immer mit den N**** zu verbinden. Aber das Schicksal, stets mit einer negativen Sache assoziiert zu werden, tragen sie nicht allein. Eschede, Ramstein und Oggersheim können ein Lied davon singen. Nur dass in Anklam das Unglück noch zu verhindern ist.

Deswegen kann man die Stadt aber trotzdem besuchen. Immerhin ist es die Geburtsstadt eines der bekanntesten Deutschen überhaupt. Ich habe gehört, dass es hier sogar ein größeres Museum über ihn geben soll. Ich frage mehrere Passanten, erkundige mich an einer Tankstelle, gehe sogar zu einer Polizistin, aber ich habe kein Glück. Niemand kennt das Matthias-Schweighöfer-Museum. Stattdessen stehen wir vor einem großen, eindrucksvoll angestrahlten Denkmal aus glasfaserverstärktem Polyesterharz für den Flugpionier Otto Lilienthal. Das ist natürlich enttäuschend. Aber immerhin: Lilienthal war der Begründer des Flugwesens. Leider ist das Lilienthal-Museum um diese Uhrzeit bereits geschlossen. Herr Borchert sagt: »Sie mussten ja unbedingt diese Rolldinger ausprobieren.« Ich gucke an ihm vorbei in die Weite. Der helle Mond bescheint das stille Idyll. Am Ende der Straße sagen sich hier nicht mal mehr Fuchs und Hase gute Nacht. Neben mir grummelt Herr Borchert immer noch vor sich hin, und ich denke: »M–V – l*** m*** a* A**** d** Welt.«

Mecklenburg-Vorpommern –
Land der Spaßbäder

... geordnet nach Rutschengesamtlänge:

- Inselparadies Sellin (Rutsche: 106 Meter)
- Erlebnis- und Sportbad Wonnemar (105 Meter)
- Hansedom Stralsund (100 Meter)
- Jasmar Therme Neddesitz (80 Meter)
- Bodden-Therme Ribnitz-Damgarten (60 Meter)
- Müritz-Therme Röbel (57 Meter)
- OstseeTherme Usedom im Seebad Ahlbeck (2 x 6 Meter)
- Aquadrom Graal-Müritz (0 Meter)
- Badeparadies Oase Güstrow (Rutsche geschlossen)

Region des Anti-Burnouts
Tag 19: Ostmecklenburg

In der Vorsaison eine Übernachtungsmöglichkeit in Anklam zu finden, ist eher kein Problem. Wir entscheiden uns für eine kleine Pension, denn der Geschäftsführer erklärt sich bereit, unsere Stehroller wieder zurück nach Ahlbeck zu bringen. Außerdem legt er noch ein Superangebot für eine Fahrt mit einem Heißluftballon oben drauf (»Zwei zum Preis von einem«). Nach unserem letzten Flugerlebnis verspürt Herr Borchert allerdings wenig Lust auf eine gemeinsame Ballonfahrt. Doch als er heute Morgen sein Ticket wieder zurückgeben will, winkt der Pensionsinhaber nur ab. In einer Stadt der Luftgeschichte sei so etwas doch ein Muss. »Immerhin«, erklärt er stolz, »fand in Anklam seinerzeit ...« Ich ahne schon, was kommt, und ergänze leicht genervt: »... das erste Ballonfahrertreffen der DDR statt?« Der Mann ist begeistert: »Ach, das hat sich also doch herumgesprochen?«

Wir können zwischen zwei Ballons wählen, beide sind eine Provokation. Bei Ballon Nummer eins handelt es sich um eine riesige lachende Erdbeere. Sie macht vermutlich

Werbung für **Karls Erlebnisdorf** – ein als Freizeitpark und Bauernmarkt getarntes Schnickschnack-Kaufhaus mit großen Standorten in Rövershagen bei Rostock und Zierkow auf Rügen. An sieben Tagen pro Woche kann man hier typische Produkte der ländlichen Region wie etwa sitzende Buddhas oder Schweizer Offiziersmesser kaufen, während die Kinder im Streichelzoo und im Maislabyrinth zwischengelagert werden. Nach den schnöden Anfängen mit dem Verkauf eigener Erdbeeren und einem kleinen Hofladen ist Karls inzwischen zu einem gigantischen Imperium geworden. Massenweise strömen die Menschen auf der Suche nach hölzernen Möwenfiguren, Motivwanduhren und Emaillemülleimern in die Märkte. Unaufhaltsam breiten sich die erdbeerförmigen Verkaufsstände in ganz Deutschland aus. Erste Lokalpolitiker fordern bereits eine Anerkennung von Karls Erlebnisdorf als UNESCO-Weltkulturerbe. Dieses Phänomen hängt natürlich auch mit der PR-Strategie der Erlebnisdorfbesitzer zusammen, denn das Reich Karls des Großen ist mit Abstand das bestbeworbene Produkt unseres Bundeslandes. Aber bei allem Respekt: Deswegen mit einer überdimensionalen Erdbeere durch die Luft zu fliegen, geht dann doch etwas zu weit.

Die zweite Variante gefällt mir aber auch nicht besser: Es ist ein »MV tut gut«-Heißluftballon des Landesmarketings Mecklenburg-Vorpommern. Wenn wir mit diesem Slogan zu niedrig über die Uckermark fliegen, befürchte ich Abschussversuche frustrierter Landsleute. Außerdem setzt mich das zusätzlich unter Druck, denn im nächsten Jahr sollen die Heißluftballons dann ja schon mit meinem

Claim versehen sein. Dann doch lieber die Erdbeere. Die burschikose Ballonführerin ruft dem zögernden Borchert ermunternd zu, er solle sich einfach ein bisschen wie Otto Lilienthal fühlen. Ich frage, warum Lilienthal eigentlich so jung gestorben ist. Doch die Ballonführerin tritt mir herzhaft gegen's Schienbein und sagt laut: »Mensch, heute haben wir aber wieder ein Ballonwetter!«

Sobald wir im Korb sind, gibt es die übliche Sicherheitsbelehrung. Sie besteht im Wesentlichen darin, uns immer und immer wieder einzutrichtern, dass es »Ballon fahren« und nicht »Ballon fliegen« heißt. Fast flehend schüttelt uns die Frau an den Schultern: »Verstehen Sie? Fahren! Wer leichter als Luft ist, fliegt nicht, klar?« Ich habe keine Ahnung, was sie damit sagen will. Sie kommt wahrscheinlich nicht aus der Gegend, denn hier hat man sich emotional eigentlich ziemlich im Griff. Die Fahrt ist trotzdem ein ziemliches Erlebnis. Und weil man in den Luftschichten mitschwimmt, ist es im Korb fast windstill.

Ruhig gleiten wir über das weite Land in Richtung Süden. Mecklenburg-Vorpommern ist hier besonders dünn besiedelt. Felder, Wiesen und Windräder dominieren die Landschaft. In kaum einer anderen Region Deutschlands wird so viel Windenergie produziert wie im Osten Meck-Pomms, denn die Gemeinden haben so erstmals die Möglichkeit, von der Energiegewinnung auch finanziell zu profitieren. Der Rostocker Windradhersteller Nordex ist inzwischen ein internationaler Player und gehört zu den umsatzstärksten Unternehmen Mecklenburg-Vorpommerns. Wie sanfte Riesen stehen die Räder da und drehen ihre umstrittenen, gut bezahlten Runden. Die Standorte sind mit Bedacht gewählt, denn wenn die Meeresspiegel weiter steigen und Vorpommern irgendwann aufgegeben wird, dann muss man hier nicht erst Offshore-Windparks bauen.

Die Gegend um Friedland, Ueckermünde, Torgelow und Pasewalk ist aber auch das Sorgenkind des Landes. Die Arbeitslosenquote ist fast dreimal höher als im Bundesdurchschnitt, junge Leute verlassen die Region, die Kultur- und Freizeitangebote konzentrieren sich primär auf die Themenbereiche Tankstelle und Solarium. Es ist schwierig.

Auf der anderen Seite bietet so eine Lage natürlich auch Vorteile. Zum Beispiel herrscht hier sehr wenig Berufsverkehr. Smog und Feinstaubbelastung sind in Ostmecklenburg völlig unbekannt. Es ist der optimale Platz für alle, die kurz vorm Burnout sind. Oder mittendrin. Also mindestens für halb Berlin. Wenn hier etwas pfeift, sind es noch die Spatzen und nicht der Tinnitus. Hier wird man beim Bäcker nicht sofort angepflaumt, wenn man das Geld gerade nicht passend hat, wie in der Hauptstadt; hier erzählt einem die Bäckerin beim Kauf einer Streuselschnecke nicht gleich ihre ganze Lebensgeschichte wie in Sachsen; hier zahlt man seine zwei Brötchen noch nicht mit der Kreditkarte wie in Hamburg – denn hier gibt es oft gar keine Bäcker mehr. Das erspart viel Stress. Stattdessen macht man Urlaub auf dem Bauernhof und kann sich sein Brot selbst anbauen.

Aber es tut sich hier auch einiges. Künstler und andere Menschen, die nicht so gerne früh aufstehen, zieht es vermehrt in diese Region. Eine typische Entwicklung, wenn die Grundstückspreise niedrig sind und die Einhaltung der Betäubungsmittelgesetze nicht allzu engagiert kontrolliert wird. Immer wieder tauchen in den Dörfern plötzlich Galerien, Töpferwerkstätten und Kulturinitiativen auf – die bunte Vorhut der Gentrifizierung hat sich auf den Weg nach Ostmecklenburg gemacht. Es wird länger dauern als im Prenzlauer Berg, aber irgendwann werden auch hier hippe Jungspunde, die für ein schwindelerregendes Gehalt irgendetwas Sinnloses programmieren, Bieterschlachten um die letzten Bauernhäuser im Luxus-Vintage-Stil führen. Die Einheimischen werden von der hohen Kaufkraft profitieren, aber sich die Mieten nicht mehr leisten können. Sie ziehen von dannen und leben fortan in weniger stark entwickelten Gebieten – bis die Künstler und kreativen Macher sie auch dort aufspüren. So ist der ewige Weltenlauf.

Der erste größere Kandidat hierfür könnte **Ueckermünde** werden. Noch allerdings hat die Stadt nicht den allerbesten Ruf. Doch nirgendwo sonst findet man noch äußerlich unsanierte Neubaublocks mit einem sensationellen Blick aufs Haff und auf malerische Weizenfelder mit Kornblumen und Mohn am Wegesrand. Hier prallen Natur und gescheiterte Moderne derart bilderbuchmäßig aufeinander, dass jeder Künstler, der sich hier nicht bald ein Fünf-Zimmer-Atelier im elften Stock einrichtet, überlegen sollte, ob er eigentlich den richtigen Beruf gewählt hat.

Leider kann ich mich mit meinem Wunsch, Ueckermünde zu besichtigen, bei der Ballonmehrheit nicht durchsetzen. Angeblich müsse man sich hier nach den Winden richten, und die führen uns nun einmal nach

Neubrandenburg. Dagegen habe ich auch nichts einzuwenden. Immerhin ist Neubrandenburg gefühlt die neuntgrößte, tatsächlich aber die drittgrößte Stadt des Landes. Aus der Luft erkennt man die spezifische architektonische Anordnung der Stadt besonders gut: ein kleiner Ortskern mit historischen und unhistorischen Gebäuden, der von einer sehr gut erhaltenen Stadtmauer mit mittelalterlicher Wehranlage umgeben ist, die von einer vielbefahrenen mehrspurigen Straße umzingelt wird, an die wiederum ausgedehnte Hinterlassenschaften spätsozialistischer Wohnblockmanufakturen grenzen, welche ihrerseits von Gewässern wie dem Tollensesee umschmiegt werden.

Der Tollensesee wurde vor einiger Zeit deutschlandweit bekannt, weil hier über viele Monate immer wieder Leichenteile ans Ufer gespült wurden, erzählt unsere Ballonführerin. Herr Borchert schüttelt missbilligend den Kopf: »Was die Leute alles wegschmeißen.«

Natürlich sind auch hier überall Schlösser und Gutshäuser zu finden, aber mit dem Ballon haben wir keine Chance, ihnen so nahezukommen wie mit der Cessna vom Barther Flughafen. Deswegen bin ich vorbereitet. In der Anklamer Pension habe ich aus mehreren Laken ein langes Spruchband zusammengebunden, um dann mit Schuhcreme einen Aufruf darauf zu malen. Leider kenne ich ja nicht einmal ihren Namen. Was sollte ich also schreiben? »Bitte melde dich«? Oder: »Ich will dich wiedersehen«? Das wäre eigentlich ein guter Slogan für die Landeskampagne. »MV – ich will dich wiedersehen!« Doch woher sollte *sie* wissen, dass sie gemeint ist? Immerhin flattert das Transparent am Korb einer riesigen lachenden Erdbeere! Ich müsste zusätzlich noch Datum und Ort des Auftritts vermerken. Aber weiß sie überhaupt, wo sie mich finden kann? Für meine Adresse waren in der Pension einfach nicht genügend Laken. Schließlich hatte ich den rettenden Einfall! Ich malte mit den Resten der Schuhcreme ganz einfach einen QR-Code auf meinen Bettbezug. Wenn sie nur ein bisschen clever ist, wird sie ihn mit ihrem Smartphone vom Boden aus einscannen und damit direkt auf dem Kontaktbereich unserer Homepage landen. Der Plan ist perfekt. Auf die einfachsten Sachen kommt man manchmal erst als Allerletztes!

Vor lauter Aufregung hätte ich im Ballon beinahe vergessen, mein Spruchband auch wirklich zu entrollen und am Korb zu befestigen. Dummerweise flattert es nicht so fröhlich im Wind wie erwartet. Im Grunde hängt es nur schlapp herunter. Lesen kann man es trotzdem einigermaßen. Als Herr Borchert und die Ballonführerin das sehen, werden sie plötzlich nervös. Herr Borchert erklärt, ihm sei bei der Sache etwas unwohl. Das ist ja mal was ganz Neues ... Die Heißluftballonfachkraft fragt, ob ich noch ganz richtig im Kopf sei. Von ihr hatte ich wiederum etwas mehr Sinn für Romantik erwartet. Ich will gerade zwischen ihr und Herrn Borchert vermitteln – da gibt es schon einen Ruck. Die Ballonfahrerin sagt, ich solle das Transparent sofort losmachen. Ich entgegne freundlich, aber bestimmt, dass sie sich bitte nicht im Ton vergreifen solle. Herr Borchert schreit laut auf. Der Ballon wird ein Stück weit heruntergezogen. Die Führerin knurrt grimmig: »Losmachen!« Herr Borchert kreischt: »Wir fliegen mitten in die Windräder hinein!« Die Ballonführerin reißt entsetzt die Augen auf. Sie zieht eine lange Machete aus der Tasche und brüllt mit unbändiger Wut: »Es heißt nicht fliegen, es heißt FAHREN!«

Völlig enthemmt reißt sie das Messer hoch, stürzt auf mich zu – und schneidet das Transparent vom Korb! Offenbar hatte es sich von mir unbemerkt in einem der sich langsam drehenden Rotorblätter eines Windrads verfangen. Sofort schnellt unser Ballon einige Meter nach oben. Wir verlieren das Gleichgewicht und die fallende Ballonchefin rammt die Machete nur wenige Zentimeter neben meinem Kopf in den Korb. Einmal mehr wurden damit die bislang unterschätzten Gefahren der Windenergie eindrucksvoll unter Beweis gestellt.

Herrn Borchert und unsere Ballonführerin scheint die Geschichte emotional etwas mitgenommen zu haben. Wir landen, so schnell es geht, auf einer Wiese direkt vor den Toren Neubrandenburgs. Beide bestehen darauf, an Ort und Stelle liegen zu bleiben. Also errichte ich aus Korb und Ballon ein provisorisches Zelt für die Nacht. Das Abendbrot ist ein sogenanntes Mecklenburgisches Dinner: Es besteht aus einer halben Flasche Pfefferminzlikör, der eigentlich für die Ballontaufe nach der Landung gedacht war.

Komischerweise ist von der Taufe jetzt gar keine Rede mehr. Mir ist das recht, schließlich arbeite ich noch an meinem Kindheitstrauma der Neptuntaufe. Dies war die ferienpädagogische Variante der auf Schiffen üblichen Äquatortaufe, die nicht selten eine Spur zu sadistisch ausfiel. Gewissenlose Kinder- und Jugendbetreuer im Ferienlager haben sich dabei einen Spaß daraus gemacht, wehrlosen Minderjährigen unter dem tosenden Beifall des übrigen Kindermobs widerwärtige Ekelbrühen einzuflößen und dies als Willkommensritual für die Aufnahme in »Neptuns Reich« zu verklären. Dabei wollte überhaupt niemand in Neptuns Reich aufgenommen werden, denn Neptun war der bierbäuchige, unangemessen leicht bekleidete, mit ekligen Algen, Fischernetzen und sonstigen Meeresutensilien behängte Hausmeister der Anlage, der seine Häscher mit einem Wink seines Dreizacks am liebsten auf die Schwächsten und Ängstlichsten der Gruppe hetzte. Also auf mich. Nicht einmal die friedliche Revolution konnte dieses Treiben beenden, Neptuntaufen gibt es noch immer. Doch heute verstoßen sie wohl nur noch in Einzelfällen gegen die UN-Menschenrechtscharta und die Haager Landkriegsordnung.

Wir gucken noch einmal auf unseren Erdbeerballon und exen den Likör. Ich sage »Mecklenburg-Vorpommern – runter kommen sie alle!« Herr Borchert zischt: »Da hat wohl gerade jemand einen Lauf.« Dann schlafen wir ein.

Dichter, Hexen, Archäologen

Tag 20: Neubrandenburg, Stavenhagen, Penzlin und Ankershagen

Als der Wecker klingelt, liege ich im Dietrich-Bonhoeffer-Klinikum Neubrandenburg. Mir geht es richtig gut: Ich fühle mich wie wiederauferstanden! Kein Wunder, dass Neubrandenburg die Partnerstadt von Nazareth ist. Die gute Stimmung könnte allerdings auch mit dem Inhalt des Tropfes zu tun haben, der neben meinem Bett steht. Ein Krankenpfleger erzählt mir, dass man uns gestern Nacht ins Krankenhaus gebracht hat, weil die Fundsituation des Ballons den Eindruck eines Absturzes vermittelt hätte. Jetzt sehe ich auch Herrn Borchert im Bett nebenan. Komisch, am Anfang der Reise war er immer mal wieder verschwunden, jetzt weicht er nicht mehr von meiner Seite. So richtig sauer scheint er auch nicht zu sein. Wir beschließen, dass wir uns noch einen frischen Infusionsbeutel genehmigen und dann langsam wieder losziehen. Zwei Stunden später irren wir durch die Neubauschluchten der Oststadt.

Neubrandenburg vermarktet sich selbst als die »Vier-Tore-Stadt«. Und tatsächlich wurden einst auch ziemlich genau vier historische Stadttore in die mittelalterliche Stadtmauer eingebaut. Der Beiname spricht allerdings nicht gerade für ein großes Spektrum stadteigener Sensationen. Man kann sich unschwer vorstellen, wie die Stadtvertreter seinerzeit gegrübelt haben, welche wichtige Eigenschaft Neubrandenburgs durch einen Namenszusatz besonders hervorgehoben werden sollte. Es gab wahrscheinlich Stadtbegehungen, Expertenbefragungen, historische Kommissionen – doch niemandem fiel eine Besonderheit der Stadt ein, die künftig in aller Munde sein sollte. Als man die Namenssuche schon aufgeben wollte, rief plötzlich ein junger, bauernschlauer Bürger aus dem Jahnviertel laut aus: »Moment mal. Haben wir nicht vier Tore?« Die Leute sahen sich verblüfft an. Die junge Mann hatte recht! Es waren genau vier Tore.

Diese Entstehungsgeschichte des Beinamens ist historisch zwar nicht verbürgt, aber inhaltlich trotzdem sehr überzeugend. Vielleicht ist der Namenszusatz aber auch nur ein Beleg für die Bescheidenheit der Stadt und ihrer Vertreter. Sie ist nun einmal eine der ganz typischen Eigenschaften der Menschen in diesem Bundesland. Hier gibt niemand gern seine Qualitäten preis. Dies ist leider ein entscheidender Wettbewerbsnachteil bei der Jobsuche: Bewerber aus MeckPomm sind beim Vorstellungsgespräch oft nur durch Androhung erheblicher Zwangsmaßnahmen bereit, überhaupt etwas zu ihren Qualifikationen zu sagen. Wo andere lässig in den Raum geschlendert kommen, bei der Sekretärin einen Kaffee bestellen und dann erklären

»Ich! habe! meine! Ausbildung gerade mit 3,7 beendet, und wenn ihr jetzt gleich ganz nett zu mir seid, denke ich! vielleicht! mal darüber nach, eurem Laden den Arsch zu retten!«, da murmelt der Mecklenburger so etwas wie: »Ja, stimmt, dazu habe ich an der Sorbonne promoviert, aber es gibt, glaube ich, noch vier andere Leute in Europa, die sich mit dieser Technik auskennen, vielleicht sollten Sie die auch zum Bewerbungsgespräch einladen.« Und ungefähr so läuft es auch beim Stadtmarketing. Schon 1969 notierte die zugereiste Schriftstellerin Brigitte Reimann ganz überrascht über Neubrandenburg: »Du solltest bloß mal sehen, wie viele Leute hier unterwegs sind, auch spätabends noch, wie gut sich alle anziehen: Man sieht und wird gesehen [...]. Manchmal könnte man denken, man ist in Berlin.« Auch wären die Neubrandenburger unerwartet warmherzig gewesen.

Ob das heute auch noch so ist, weiß ich nicht genau, denn wir konnten von der Stadt bisher nicht viel sehen. Das Zentrum ist offenbar noch ein Stück entfernt und wir haben das Gefühl, nun bereits zum dritten Mal am gleichen Penny-Markt vorbeigegangen zu sein. Dabei soll es in Neubrandenburg eine sensationelle Konzertkirche geben, nach deren Akustik sich Stars wie Kent Nagano alle zehn Dirigentenstäbe schlecken. Die würde ich natürlich gern besichtigen. Irgendwann reicht es Herrn Borchert: Er betritt eine Kneipe und will dort nach dem Weg fragen.

Ich schaue derweil ein wenig umher und bekomme einen riesigen Schreck, denn der ganze Hof steht voller schwerer Motorräder. Gefährliche Bikerclubs sind inzwischen auch in Mecklenburg-Vorpommern ein echtes Problem. In vielen Städten des Landes ziehen sie die Fäden im Rotlicht- und Fischbrötchenmilieu. Die Szene verändert sich so schnell, dass man leicht den Überblick verliert. Irgendein Chapter von dem und dem Club führt immer einen Krieg mit einem MC Gremium Soundso. Man löst sich auf, man gründet neu, man schießt sich über den Haufen. Hier sind die Pumpguns noch genauso gut geölt wie die Nockenwellenlager der Harleys. Wer als Normalbürger vorhat, mal einen lustigen Spruch über die sakrale Verehrung der jeweiligen Clubkutten zu machen, sollte vorher mindestens eine gute Berufsunfähigkeitsversicherung abgeschlossen haben. Und auf keinen Fall rennt man als Zivilist einfach in einen Bikerclub und fragt nach dem Weg!

Ich habe keine Ahnung, wie ich Herrn Borchert da heil herausholen soll. Der macht aber auch immer Sachen! Ich könnte die Polizei rufen, bin aber unsicher, ob das die beste Deeskalationsstrategie ist. Oder ich starte ein Ablenkungsmanöver: Die Motorräder stehen so dicht – ich müsste nur eine Maschine kräftig anschubsen und schon gäbe es einen hübschen RTL-Domino-Day-Effekt. Aber ich entscheide mich für die dritte Variante: Ich gehe einfach rein und gucke, wo Herr Borchert bleibt.

Herr Borchert ist umringt von Rockern, die alle gleichzeitig auf ihn einreden. Sie scheinen sehr aufgeregt zu sein, denn sie gestikulieren wild in der Luft herum und zeigen immer wieder in unterschiedliche Richtungen. Mein Reisebegleiter wirkt völlig hilflos. Ich nehme meinen Mut zusammen und rufe: »Wir sollten jetzt erst mal alle ganz ruhig bleiben!« Schlagartig verstummen die Gespräche.

Herr Borchert schaut mich fragend an. Ich gucke vorsichtig in die Runde. Bei Lichte betrachtet, sehen die Leute gar nicht so Hells-Angels-Bandidos-Stormbringer-MC-mäßig aus. Eher wie deren altersmilde Großväter. Offenbar haben sie sich nur beim Erklären des Wegs untereinander ein wenig in die spärlichen Resthaare gekriegt.

Ostmecklenburg lockt seit einigen Jahren nicht nur Künstler an. Auch Rentner aus ganz Deutschland finden hier immer öfter ihren Altersruhesitz, denn die Luft ist gut und die Lebenshaltungskosten sind günstig. Manche von ihnen haben noch die schweren Motorräder aus ihrer Midlife-Crisis in der Garage. Darum treffen sie sich nun zu regelmäßigen Ausfahrten und Fachsimpeleien. In der Region verbreiten sie damit Angst und Schrecken, denn nicht alle haben ihre Maschinen noch völlig im Griff. Diese Biker tragen keine Waffen, sie *sind* die Waffen.

Für heute haben sie eine Tour in die Umgebung geplant. »Na, da kommen wir doch einfach mit!«, ruft Herr Borchert und sieht mich triumphierend an. Ist das seine Rache für die Ballonfahrt? Ahnt er, dass ich mich auf dem Rücksitz einer 30 Jahre alten Harley, angeschmiegt an einen Kamikaze-Senior im Geschwindigkeitsrausch ausgesprochen unwohl fühle? Touché, Herr Borchert, denke ich. Doch ich zeige keine Schwäche, sondern frage die Gang, was sie davon hält. Die Motorradgreise antworten, das sei kein Problem, aber dafür müsse ich heute Abend die Mädels besorgen. Ich sage das erst einmal unverbindlich zu.

Als es losgeht, wird mir der Platz hinter dem Anführer der Gruppe zugewiesen. Herr Borchert kann es sich in einem Beiwagen gemütlich machen und winkt mir süffisant zu. Zunächst geht es in Richtung **Reuterstadt Stavenhagen**. Sie gehört zu den Kleinstädten Mecklenburg-Vorpommerns, denen es richtig gut geht, denn Unternehmen wie die hiesige Kartoffelknödelfabrik eines bekannten deutschen Kartoffelknödelherstellers sorgen für sprudelnde Steuereinnahmen. Kein Wunder, dass in Stavenhagen immer die Sonne scheint: Die Stadt gehört zu den Orten mit den geringsten Niederschlagsmengen in Deutschland. Statt Wasser fließen hier Fruchtmilch und Honig, während den Bürgern gebratene Kartoffelpuffer in die Schlünde fliegen.

Den Namenszusatz »Reuterstadt« erhielt Stavenhagen schon 1949 zum 75. Todestag des großen mecklenburgischen Schriftstellers und Raufbolds Fritz Reuter (1810–1874). Weltweit gibt es über 25 Denkmäler zu Ehren Reuters. Der Schriftsteller ist bei uns so berühmt, dass fast alle Einwohner des Landes Mecklenburg-Vorpommern noch nie ein Wort von ihm gelesen haben. Reuter hat nämlich auf Plattdeutsch geschrieben und mehr als »*Kiek mol wedder in*« verstehen die meisten in MeckPomm nicht mehr. Insider berichten, dass seine Werke wirklich ausgesprochen witzig sein sollen, wenn er in seinem puscheligen Mecklenburgisch über den eigenen Gefängnisaufenthalt oder die französische Besatzung berichtet und dabei allerlei Spitzen gegen die Herrschenden verteilt. Man kann die Geschichten inzwischen auch auf Hochdeutsch lesen. Aber bei Übersetzungen geht ja immer so viel verloren …

Es gibt übrigens nur einen weiteren niederdeutschen Schriftsteller aus MV, der heute noch bekannt ist: John Brinckman (1814–1870). In Rostock trägt ein ganzer

Stadtteil seinen Namen, alle Straßen des Viertels wurden nach Figuren aus seinen Büchern benannt. Fritz Reuter hat ihn gehasst. Damals war Reuter allerdings sowieso ziemlich aggro drauf. Kein Wunder: Er war Burschenschaftler. Seine Burschenschaft, in der übrigens auch Brinckman Mitglied war, hieß allen Ernstes »Corps Vandalia Rostock«. Gibt es heute noch. Man ficht nach wie vor sinnlos vor sich hin.

Das gegenseitige literarische Gedisse von Reuter und Brinckman (vielleicht vergleichbar mit dem von Heinrich Heine und Hoffmann von Fallersleben) wurde später in der Gattung des Gangsta-Raps wieder aufgenommen. Doch im umfangreichen Fritz-Reuter-Museum wird diese Traditionslinie knallhart vertuscht.

Wer schon in der Reuterstadt ist, kommt auch an einem Besuch der nahegelegenen **Ivenacker Eichen** nicht vorbei. Vermutlich handelt es sich um die ältesten Eichen Deutschlands. Das sieht man ihnen inzwischen auch an. Sie sind etwa 1.000 Jahre alt und ihre Stämme so dick wie Windradtürme. Wahrscheinlich wurden sie von Zisterziensern gepflanzt. Die schon wieder! Immer irgendwo was gebaut, immer irgendwo was gepflanzt. Die Bäume sollen übrigens vom Teufel verführte und darum in Holz erstarrte Nonnen des einstigen Klosters sein. Wenn man's nicht weiß, erkennt man das aber nicht.

Die Motorradgruppe ist sich uneins, ob sie den kleinen Umweg überhaupt machen will. Die einen wollen unbedingt zu den sechs verbliebenen Exemplaren des deutschen Nationallaubbaums. Die anderen machen zur Bedingung, dass sich dann aber nicht alle an den Händen fassen und an die Baumrinde pressen, um zu sehen, wie viele Menschen nötig sind, um die Eiche zu umringen (zwischen vier und acht). Dies wollen die Eichenbefürworter wiederum nicht garantieren.

Ich schlage vor, einfach mal schnell vorbeizufahren. Mein Interesse gilt allerdings dem benachbarten Schloss Ivenack. Es ist eine große unsanierte Anlage mit Orangerie, Kirche und allem Pipapo, die als »Denkmal von nationaler Bedeutung« eingestuft ist. Eine Art Gärtner mit einem Totenschädel in der Hand erzählt mir, dass das Schloss nach langem Hin und Her vor einiger Zeit an einen dänischen Geschäftsmann verkauft wurde. Dänemark – Schloss – Schädel in der Hand ... das kommt mir irgendwie bekannt vor. Muss ich wohl mal im Fernsehen gesehen haben. Der Gärtner erzählt, dass er versehentlich die Überreste des einstigen Schlossbesitzers ausgebuddelt hat. Der wurde damals notdürftig unter einigen Birken verscharrt, nachdem er sich 1945 vor dem Einmarsch der Sowjets ... Ich unterbreche ihn und frage, ob er hier eine junge Restauratorin gesehen habe. Er antwortet: »Kann sein oder nicht sein.« Er könne sich nicht so genau erinnern. Möglicherweise würden aber 50 Euro seinem Gedächtnis auf die Sprünge helfen. Das finde ich ziemlich mutig, immerhin bin ich mit einem Bikerclub unterwegs. Ich gebe ihm das Geld trotzdem. Der Gärtner überlegt kurz und sagt dann: »Nee, hilft auch nicht.«

Von hinten hupen die Motorradgreise und wollen weiter. An den Ivenacker Bäumen hatten bereits unzählige Managerseminarteilnehmer Hand in Hand gewartet, um gemeinsam die Eichen zu umfassen und dabei irgendeine lebenswichtige Businesslektion zu lernen. Das wollte keiner der Biker mit ansehen müssen. Als ich gerade gehen will, sagt der Gärtner: »Doch, da war eine. Die wollte sich aber nur mal umgucken und ist dann wieder weg. Keine Ahnung wohin.« Mir schlägt das Herz bis zum Hals. Ist das eine erste Spur?

Es beginnt schon zu dämmern. Die Gruppe beschließt, quer über die Feldwege nach Ankershagen weiterzufahren. Kurz davor durchqueren wir noch **Penzlin**. Hier gibt es klassische mecklenburgische Kultur zu entdecken: Im Keller der Alten Burg aus dem 13. Jahrhundert sind die erfolgreichsten Folterinstrumente der hiesigen Hexenverfolgung zu besichtigen. Auf manch einem Dornenstuhl darf man auch mal Probe sitzen. Nicht umsonst gilt Penzlin als das »Abu Ghuraib des Nordens«. In der Tat gehörte Mecklenburg zu jenen deutschen Gegenden, in denen der Brauch der Hexenverbrennung besonders lange hochgehalten wurde. Noch heute juckt es manchem Einheimischen bei den traditionellen Osterfeuern in den Fingern. Ich rufe Herrn Borchert im Sozius zu: »Was halten Sie von diesem Slogan: ›Mecklenburg-Vorpommern – beim ersten Mal tut's noch weh ...‹?« Doch die Strecke ist inzwischen ziemlich kurvig geworden und Herr Borchert speit schon wieder in seinen Leihmotorradhelm. So etwas gilt unter Bikern als ausgesprochenes Sakrileg, wie wir feststellen müssen. Sie beratschlagen, ob sie ihn in Penzlin zurücklassen sollten. Schon aus Sicherheitsgründen, denn Herr Borchert kann ja seinen Helm zurzeit nicht vorschriftsmäßig tragen. Ich habe das Gefühl, dass ihm ein Ende dieser Fahrt gar nicht so unrecht wäre, darum ich lege bei den Jungs ein gutes Wort für ihn ein, und er darf schließlich weiterfahren.

In **Ankershagen** sehen wir es dann schon von Weitem: das Trojanische Pferd – eine mehrere Meter große Version des sagenhaften hölzernen Tieres mit verdächtig dickem Bauch. In diesem Dorf verbrachte der vielleicht berühmteste Mecklenburg-Vorpommer nach Toni Kroos (Fußballer, geboren 1990) seine Kindheit: Heinrich Schliemann (1822–1890) – der Entdecker Trojas. Beziehungsweise der Entdecker von etwas, das er dann einfach Troja genannt hat. Und natürlich des Schatzes des Priamos. Schliemann war ein ausgesprochen ungewöhnlicher Mecklenburger, denn er führte ein erfolgreiches Unternehmen.[12] In Russland machte er jahrelang höchst effektiv in Indigo. Und er sprach angeblich über 20 Sprachen. Mit dem Kapital, das er mit seinen Handelsgeschäften verdient hatte, finanzierte er später die archäologischen Grabungen. Seine Kindheit hier in Ankershagen als Sohn eines Pfarrers war vermutlich mittelmäßig öde. Weil berühmte Entdecker aber prinzipiell keine mittelmäßig öde Kindheit haben, hat er dieser Zeit in seinen späteren autobiografischen Schriften ein kleines Upgrade verpasst: Plötzlich fiel ihm ein, dass er sich schon als Knirps in Ankershagen vorgenommen hatte, irgendwann einmal Troja zu finden.

Wir besichtigen noch eine Weile das Heinrich-Schliemann-Museum und lustwandeln durch den alten Schlie-

---

12   Diese Pointe ist inhaltlich falsch: Tatsächlich gibt es so viele erfolgreiche Immobilienhaie und Hedgefonds-Manager aus Mecklenburg-Vorpommern in der internationalen Finanzwirtschaft, dass es fast schon wieder peinlich ist.

mannschen Garten mit dem kleinen Silberschälchen (kein Schatz, sondern nur ein Teich). Unsere Reisegefährten verabschieden sich, denn die Diabetiker unter ihnen müssen pünktlich abendessen. Herr Borchert und ich spazieren noch ein wenig durch den schönen kleinen Ort mit seiner alten Feldsteinkirche aus dem 12. Jahrhundert und betten uns dann im Bauch des Trojanischen Pferdes zur Nacht.

Künstler, Kaiser, Königinnen
Tag 21: Feldberg, Carwitz und Neustrelitz

Die Nacht war unbequemer als erwartet, denn das Pferd ist eigentlich nur eine große Kinderrutsche. Und die Nähe zum Friedhof, um den sich manche Sage über kopflose Ritter rankt, hat das Ganze auch nicht gerade ungruseliger gemacht. Noch vor Sonnenaufgang stehe ich auf und rutsche den hölzernen Pferdeschweif hinab. Herr Borchert ist mitten in der Nacht verschwunden und hat wahrscheinlich wieder seine Beziehungen spielen lassen, um eine vernünftige Schlafgelegenheit zu ergattern. Ich habe keine Ahnung, wie es jetzt weitergehen soll. Von Ankershagen aus kann man in jede Himmelsrichtung fahren – überall ist schöne Landschaft, überall sind kleine hübsche Orte, Schlösser, Burgen und viele »Tss, tss, tss, diese Mecklenburger ...«-Geschichten zu finden.

Etwa 50 Kilometer östlich von hier liegt zum Beispiel die **Feldberger Seenlandschaft**. Tiefe, klare Seen mit kaltem, türkisem Wasser sorgen hier für eine besonders romantische, sehr ruhige und gedankenvolle Melancholie. Und für fröhlichen Angelspaß.

Von dem kleinen Ort Feldberg aus führt eine Seilfähre über den Schmalen Luzin auf den Hullerbusch. Man ruft laut: »Fährmann, hol über!«, und der Fährmann fängt an, wie ein Wilder an einem großen Rad zu drehen und damit die in dieser Form europaweit einzigartige seilgeführte Fähre fortzubewegen. Wenn man nicht ruft, ist es allerdings auch nicht so schlimm, denn die Fähre hat sowieso feste Fahrtzeiten. Der **Hullerbusch** ist ein sehr schönes Naturschutzgebiet auf einer Art Landzunge. Hier hat inzwischen auch der anspruchsvolle Prenzlauer-Berg-Geschmack Einzug in die Gastronomie gehalten. Wer gern mal eine Kugel Bio-Ziegenkäse-Eis isst, wird mit Sicherheit nicht enttäuscht.

Vom Hullerbusch aus gelangt man schnell nach **Carwitz**. In dem kleinen Ort mit etwas mehr als 300 Einwohnern lebten bis vor Kurzem überdurchschnittlich viele Bankräuber, nämlich zwei. Die frühere Top-Agentin des sowjetischen Geheimdienstes im Zweiten Weltkrieg Ruth Werner (bekannt geworden durch ihre Autobiografie *Sonjas Rapport* von 1977) verbrachte hier seit den 1950er-Jahren die Sommerzeit und schrieb Kinderbücher. Was Top-Spione im Ruhestand eben so machen.

Berühmt wurde Carwitz aber durch Hans Fallada. Er lebte hier von 1933 bis 1944. Das Haus des Schriftstellers steht ein wenig abseits, direkt an einer Bucht des Carwitzer Sees. Heute ist es ein sehenswertes Museum, und man kann sich angucken, wie Falladas Schreibmaschine und sein Küchentisch aussahen. Wenn er nicht gerade an seinen großen Werken schrieb, empfing er hier Gäste, züchtete Bienen oder schoss auf seine Frau. Fallada gehört jedenfalls zu den nicht mehr lebenden Beweisen, dass Drogen und Alkohol schon lange vor dem Rock 'n' Roll eine wichtig Rolle in der Kunst gespielt haben.

Der gebürtige Greifswalder schrieb neben Romanen über das düstere und trostlose Leben im frühen 20. Jahrhundert auch einige Kinderbücher. Die bekannte Geschichte *Fridolin, der freche Dachs,* die Fallada seiner Tochter schenkte, spielt um den Hullerbusch herum. Am Anfang des Buches wird beschrieben, wie der kleine Dachs Fridolin nach und nach all seine Geschwister durch grausame Unglücke verliert (Ertrinken, Uhu, Hund). Weil Dachse nur bis zwei zählen können (»Eins, zwei, viele«) bekommt die Dachsmutter vom steten Kinderschwund zunächst gar nichts mit. Aber selbst als sie es irgendwann bemerkt, kann sie die Todesserie erst bei ihrem letzten Nachkommen Fridolin stoppen. Es war eine Zeit, in der in Sachen Kinderliteratur noch sehr stark mit gewaltsamen Sterbefällen unter den Verwandten der Hauptfiguren operiert wurde (siehe auch *Bambi*).

Falladas letzter Roman *Jeder stirbt für sich allein* (1946) wurde in den 2010er-Jahren noch einmal ein internationaler Bestseller. Vor allem in den USA verkaufte sich die weitgehend authentische Geschichte über das Ehepaar Hampel, das Flugblätter gegen Hitler verteilte und deswegen vor dem Volksgerichtshof landete, plötzlich hunderttausendfach. Seitdem besuchen auch immer häufiger Amerikaner das Fallada-Museum in Carwitz und bekommen den Schock ihres Lebens, wenn sie dabei versehentlich ein Stück zu weit gehen. Einige Hundert Meter weiter, am Ende der kleinen Straße, hat sich nämlich zwi-

schen Büschen und Apfelbäumen eine kleine, inoffizielle
FKK-Badestelle etabliert, und wer nicht rechtzeitig um-
kehrt, erblickt so manches Genital.

Fährt man von Feldberg nicht in Richtung Hullerbusch und Carwitz, sondern nach Westen, erreicht man
nach gut drei Kilometern die **Heiligen Hallen** – einen der
ältesten Buchenwälder Deutschlands. Weil die Bäume so
mächtig und gerade wie dorische Säulen in den Himmel
ragen, erhielt das Naturschutzgebiet seinen sakralen Namen. Die Wanderer, die zwischen diesen stolzen Buchen
entlanggehen, sind sich zumeist einig: »Heilige Hallen«
ist vielleicht ein bisschen übertrieben. »Wald mit relativ
großen Bäumen« wäre präziser gewesen. Wer jedoch den
richtigen Ausgang in der richtigen Jahreszeit findet, gelangt an einen Feldweg, den Apfel- und Birnenbäume un-
terschiedlichster Sorten säumen. An den Stämmen sind
kleine Schilder angebracht, damit man auch weiß, welche seltene Obstsorte man gerade klaut. Service-Wüste
Deutschland? – Nicht in der Feldberger Seenlandschaft!

Ich bin noch unschlüssig und stehe nach wie vor in
Ankershagen. Vielleicht sollte ich heute lieber nach **Neustrelitz** fahren? Die Stadt, in der einst Heinrich Schliemann und Charly Hübner zur Schule gingen, beeindruckt
durch ihre barocken Bauten. Sie entstand erst im frühen
18. Jahrhundert. Also quasi neulich. Sie ist sozusagen das
Neubaugebiet Mecklenburgs und erinnert uns daran, dass
Mecklenburg schon lange vor dem Mauerbau ein geteiltes
Land war. Pommern hatte ja sowieso immer eine eigene Geschichte: erst Herzogtum, dann schwedisch, dann
preußisch. Nach dem Zweiten Weltkrieg wurde das Ge-

biet orientiert an Oder und Neiße getrennt. Der östliche Teil gehört seither zu Polen, der westliche Teil wurde mit Mecklenburg zum Land Mecklenburg-Vorpommern vereint, das ab 1947 nur noch Mecklenburg heißen durfte. Im Jahr 1952 zerschlug die DDR-Führung diese Länder dann wieder und teilte die Republik in 15 Bezirke auf. Erst nach der Deutschen Einheit kehrte man zu den Ländern zurück und gründete Mecklenburg-Vorpommern erneut. Mecklenburg und Vorpommern konnten ja immerhin auf eine lange Tradition von fast sieben gemeinsamen Jahren zurückblicken.

So weit, so langweilig. In Mecklenburg war hingegen mehr los. Schon im 13. Jahrhundert teilten die gierigen Enkel des Fürsten Heinrich Borwin I. das Land in vier Teile auf. Erst 250 Jahre später wurde es unter Heinrich dem Dicken wieder vereint. Als die Cholesterinwerte den Herrscher 1477 dahingerafft hatten, ging der Streit der Nachkommen schon wieder los und führte nach nahezu ewigem Hin und Her 1621 zur Teilung des Landes in die Herzogtümer Mecklenburg-Schwerin und Mecklenburg-Güstrow. Nach einem erneuten Erbschaftsfall wurde 1701 aus Mecklenburg-Güstrow schließlich Mecklenburg-Strelitz. Erst jetzt wurde auch hier die Primogenitur eingeführt. Das heißt, der Erstgeborene erbte seitdem alles. Dieses nicht gerade neue Prinzip hatte seit dem Alten Testament zwar den einen oder anderen geschwisterlichen Meuchelmord provoziert, sich für den Zusammenhalt des Staatsgebietes aber recht gut bewährt. Tatsächlich blieb die mecklenburgische Konstellation bis 1934 erhalten. Danach erzwangen die Nazis eine Vereinigung beider Teile.

Einer der vorangegangenen Herzog von Mecklenburg-Strelitz Adolf Friedrich III. (1686–1752) dachte 1733 wiederum: Wenn die Landesteilung jetzt die nächsten 200 Jahre so bleiben soll, brauche ich eine ordentliche Residenzstadt. Dass gerade das bisherige Schloss in Strelitz abgebrannt war, hat vermutlich auch eine Rolle gespielt. Schon kurze Zeit später fand in Anwesenheit der Lokalpresse und eines saftigen Spanferkels der erste Spatenstich für Neustrelitz statt.

Das große Neustrelitzer Residenzschloss wurde im Zweiten Weltkrieg völlig zerstört, doch die Orangerie steht noch. Die Orangerien scheinen irgendwie immer übrig zu bleiben. Der große Schlossgarten wurde im 19. Jahrhundert nach englischem Vorbild umgestaltet. Diverse Götterplastiken aus hellem Sandstein sorgen für Verzückung. Der Marktplatz mit dem Barockrathaus und der Barockkirche ist wiederum so riesig, dass man sich fragt, was dort früher bloß alles verkauft wurde. Wahrscheinlich handelte es sich schon damals um einen klassischen Fall von größenwahnsinniger Überdimensionierung. Nach der Wende haben viele Kommunen in Mecklenburg-Vorpommern diese Tradition beim Bau ihrer Kläranlagen fortgesetzt (»Meck-Pomm – think big!«). Schon kurze Zeit später mussten sie dann erkennen, dass ihre Bürgerinnen und Bürger offensichtlich viel seltener mal müssen als erwartet. Doch zu diesem Zeitpunkt saßen die Kläranlagen-Lobbyisten schon längst auf Luxustoiletten in der Karibik.

Mecklenburg-Strelitz hat übrigens auch seine eigene Lady Di – mit einem Hauch von Eva Perón: Luise von Mecklenburg-Strelitz (1776–1810). Sie war schön und starb früh. Um die bürgerlich-unprätentiöse Gattin des preußischen Königs Friedrich Wilhelm III. hat sich schon zu Lebzeiten eine Art Kult entwickelt. Schriftsteller wie Novalis oder Heinrich von Kleist bewunderten sie, obwohl sie nicht gerade zu den allerhellsten Köpfen gehört haben soll. Männer aller Couleur verliebten sich reihenweise in die Königin. Selbst Napoleon, der über Luise mehrfach gelästert haben soll, zeigte sich nach einer persönlichen Begegnung durchaus bezirzt. Luise hatte versucht, ihn zu milden Friedensbedingungen zu bewegen, nachdem er Preußen bei Jena und Auerstedt geschlagen hatten. Aber *so* schön war die Königsgemahlin dann auch wieder nicht: Preußen verlor die Hälfte seines Territoriums.

Luises früher Tod im Schloss Hohenzieritz zwischen Neubrandenburg und Neustrelitz steigerte die Verehrung nur noch. Zuvor hatte sie immerhin einen späteren König, einen Kaiser und eine Zarin zur Welt gebracht. Das kann ja auch nicht alle Welt von sich behaupten. Der Trauerzug in Berlin wurde zum Volksereignis und sanierte die Blumenhändler des Landes. Anstelle von Elton John schrieb der Dichter Max von Schenkendorf die Ode *Auf den Tod der Königin.* Luise wurde danach immer mehr zur Ikone der Freiheitskriege. Blücher siegte gegen Napoleon überhaupt nur, um Luise zu rächen. Und vor einigen Jahren gab es dann auch ein Musical über sie. Allerdings nicht ganz so erfolgreich wie *Evita,* und das, obwohl Luise schon im 19. Jahrhundert als »preußische Madonna« bezeichnet wurde.

Doch damit nicht genug. Gut 25 Kilometer westlich von Neustrelitz liegt **Mirow.** Im dortigen Rokoko-Schloss auf der kleinen Schlossinsel wurde 1744 sogar eine spätere englische Königin geboren. Sophie Charlotte von Mecklenburg-Strelitz (1744–1818), eine Tante von Luise, heiratete 1761 König Georg III. – der britische Premier David Cameron ist einer ihrer Nachfahren. Allerdings nur, weil Sophie Charlottes Sohn, König Wilhelm IV., ein Hallodri war und es mit der Treue nicht ganz so genau nahm. Natürlich ist auch Queen Elisabeth II. eine Verwandte der Mirowerin. Wer sich für royalen Schnulli interessiert, sollte Neustrelitz und Mirow also unbedingt besuchen.

Nach Sophie Charlotte wurde 1768 übrigens die amerikanische Stadt Charlotte benannt, heute die größte Stadt des Bundesstaates North Carolina. Die gesamte Region um Charlotte erhielt ihr zu Ehren den Namen Mecklenburg County. Und genau diese Gegend – damit schließt sich der Kreis auf schier magische Weise – hätten wir 2002 auf einer Kabarett-Tournee durch die USA beinahe mit einem von uns mitgebrachten Norovirus ausgelöscht.

Feldberg oder Neustrelitz oder eine ganz andere Richtung? Ich kann mich noch immer nicht entscheiden, welchen Weg ich heute einschlagen soll. Was hätte Schliemann an meiner Stelle gemacht? Eine Entdeckung natürlich! Ich gehe also einfach los und werde schon sehen, was dabei herauskommt.

Plötzlich rast ein VW Golf mit getönten Scheiben auf mich zu. Das Kennzeichen endet auf »AH 88«. Das ist hier ein sehr bekannter Code. Fascho-Alarm! Der Wagen wird von einem alten Bus verfolgt, dessen Seiten mit dem Slogan »Demokratie auf Achse« beschriftet sind. Aus seinen

Fenstern halten aufgebrachte Menschen Informations-
blätter und die Allgemeine Erklärung der Menschenrech-
te. Immer wieder rufen sie dem VW zu: »Lasst uns doch
einfach mal drüber reden!« Doch der Golf denkt nicht da-
ran, anzuhalten. Stattdessen stoppt der Bus direkt vor mir.
Der Fahrer öffnet die Tür und ruft: »Na los, komm rein!«
Auf der hinteren Bank liegt der schlafende Lutz Borchert.
Während der Fahrt besprechen die vier Mitarbeiter der
Landeszentrale für politische Bildung ihren Schlachtplan.
Sobald sie den Wagen eingeholt haben, dürfen sie keine
Zeit verlieren: Sie müssen sich um die VW-Türen postie-
ren, warten, bis sich eine davon öffnet, und sofort mit dem
Argumentieren beginnen, sonst haben sie keine Chance.

Irgendwo mitten im Müritz-Nationalpark haben sie
es geschafft: Eine Herde Wasserbüffel versperrt die Straße. Das Kommando springt aus dem Bus und zieht alles nach Plan durch. In dem VW sitzt ein verängstigter
Rentner, der den durcheinanderredenden Demokratieen-
geln zitternd seine Geldbörse und seine Armbanduhr ent-
gegenhält. Weil niemand darauf reagiert, nehme ich die
Wertsachen entgegen. Laut Ausweis handelt es sich um
den 76-jährigen Halbinvaliden Artur Herrmann aus dem
Meisenweg 88 in Waren (Müritz).

Ich kläre die Kollegen auf, die sich daraufhin peinlich
berührt bei dem Rentner entschuldigen. Ich frage Herrn
Herrmann, ob es eigentlich stimmt, dass alle Einheimischen in dieser Region preiswerte Ferienwohnungen vermieten. Ich habe nämlich keine Lust, noch einmal in einer
trojanischen Pferderutsche zu übernachten. Er ahnt, wo-
rauf ich hinauswill, und sagt: »Ich bringe Sie hin.« Herr

Borchert schlummert immer noch, also lassen wir ihn im Bus schlafen. Bevor wir losfahren, übergibt die engagierte Busbesatzung dem Rentner als kleine Entschädigung eine vom Bundespräsidenten handsignierte Ausgabe des Grundgesetzes. Es ist zwar noch die Unterschrift von Horst Köhler, aber zum Wegschmeißen ist es ja auch zu schade.

Literatur in Mecklenburg-Vorpommern

Viele bekannte Autoren haben zeitweise oder dauerhaft in MeckPomm gelebt. Zum Beispiel Gerhart Hauptmann, Fritz Reuter, Hans Fallada, Uwe Johnson, Christa Wolf, Hermann Kant und Brigitte Reimann. Außerdem wählten diese und andere Mecklenburg-Vorpommern als Handlungsort für Romane und Erzählungen.

Fritz Reuter: *Ut de Franzosentid* (1859)
Amüsante Schilderung der französischen Besatzungszeit in der mecklenburgischen Kleinstadt Stavenhagen.

Fritz Reuter: *Dörchläuchting* (1886)
Sehr erfolgreiche Satire auf den Herzog von Mecklenburg-Strelitz Adolf Friedrich IV. (1738–1794).

Thomas Mann: *Buddenbrooks* (1901)
Okay, Mecklenburg-Vorpommern kommt nur kurz vor. Wie der Autor selbst haben die Buddenbrooks aber familiäre Beziehungen nach Rostock.

Alfred Andersch: *Sansibar oder der letzte Grund* (1957)
Die Rettung eines jüdischen Mädchens und eines Kunstwerkes vor den Nazis. Der Roman spielt in Rerik. Reriker legen aber Wert darauf, dass es sich um ein fiktives Rerik handelt.

Uwe Johnson: *Mutmaßungen über Jakob* (1959)

Johnsons (nicht englisch aussprechen!) umjubelter Debütroman über die Zeit im Spätherbst 1956 zwischen Ungarnaufstand und Sueskrise spielt im fiktiven Jerichow in Westmecklenburg.

Franz Fühmann: *Kabelkran und Blauer Peter* (1961)

Reportage: Ein Schriftsteller versucht, auf der Warnemünder Warnowwerft zu arbeiten.

Benno Pludra: *Die Reise nach Sundevit* (1965)

Kinderbuch: Erntezeit in Vorpommern. Tim, Sohn eines Leuchtturmwärters, verpasst möglicherweise die Reise seines Lebens, weil seine Hilfsbereitschaft von allen ausgenutzt wird.

Uwe Johnson: *Jahrestage. Aus dem Leben von Gesine Cresspahl* (1970–1983)

Johnsons Hauptwerk mit Rückblenden von New York nach Mecklenburg zwischen 1933 und 1968, erschienen in vier Bänden.

Walter Kempowski: *Tadellöser & Wolf* (1971)

Der Thomas Mann Rostocks. Fand Kempowski auch selbst. Der autobiografische Roman beschreibt eine Rostocker Familie und die Kindheit des Ich-Erzählers zwischen 1938 und 1945. Sehr humorvoll ist dabei die Darstellung der Marotten verschiedener Familienmitglieder. Einzelne Zitate sind in den hiesigen Sprachgebrauch übergegangen (»Uns geht's ja noch gold«).

Alexander Osang: *Die Nachrichten* (2000)
Ein Nachrichtensprecher gerät wegen seiner Armeezeit in Neubrandenburg unter Stasi-Verdacht. Ein Neubrandenburger Lokaljournalist und eine Spiegel-Redakteurin liefern sich ein Recherchewettrennen.

Peter Wawerzinek: *Rabenliebe* (2010)
Autobiografischer Roman über die Suche nach der leiblichen Mutter, die in den 1950er-Jahren in den Westen geflohen ist und ihren zweijährigen Sohn allein in der Rostocker Wohnung zurückgelassen hat. Ingeborg-Bachmann-Preis 2010.

Judith Schalansky: *Der Hals der Giraffe* (2011)
Drei Tage im Schuljahr einer nicht besonders sympathischen Lehrerin am Gymnasium einer vorpommerschen Kleinstadt.

Atomraketen im Naturparadies
Tag 22: Mecklenburgische Seenplatte

Willkommen im Land der tausend Bootsverleihe. Ich habe auf der **Müritz** geschlafen. Der Rentner vermietet nämlich keine Ferienwohnung, sondern ein Hausboot. Diese Wasservariante des Wohnmobils ist hier zurzeit der letzte Schrei, denn im Gegensatz zu den Hausbooten in Lauterbach auf Rügen bewegen sie sich hier auch fort. Man benötigt nur eine Einweisung (den Charterschein) und darf die schwimmenden Datschen ohne Bootsführerschein durch die Seenplatte lenken. Das hat natürlich auch ein paar Schattenseiten. Manche Freizeitkapitäne verlieren schon mal die Kontrolle über ihre Häuser, die dann wie auf Bildern der letzten Jahrhundertüberschwemmung in den Fluten umhertreiben. Auch bei den Schleusenwärtern der Region sind die Hausbootsführer nicht sehr beliebt, wenn sie Autoscootern gleich zwischen den Schleusenwänden hin- und herditschen, bis sie die richtige Position eingenommen haben.

Davon abgesehen ist es natürlich ein ziemlich cooles Erlebnis, mit dem eigenen Bungalow durch diese schöne Landschaft zu reisen. Ohne Nachbarferienhäuser mit Kindern, die einem mit stundenlangem Tischtennisgespiele (»Klack-klack ... Klack-klack ...«) den letzten Nerv rauben. Okay, kein Kind spielt heute noch Tischtennis. Aber irgendwas ist ja immer.

Der alte Mann war gestern jedenfalls so dankbar für die Rettung vor dem Demokratiebus, dass er mir sein Hausboot für zwei Tage kostenlos zur Verfügung gestellt hat. Bevor er ging, wollten wir aber auf der kleinen Bootsterrasse noch ein Glas Rotwein trinken. Wir rieben uns schnell mit einem halben Liter Autan ein und genossen dann die Abenddämmerung am See. Der Rentner erwies sich als talentierter Parodist der übermotivierten Buscrew. Als er schließlich nach Hause aufbrach, wollte ich ihm als Sicherheit wenigstens die übliche Kaution geben. Doch er winkte ab: »Ach was, da vertraue ich dir voll und ganz«, sagte er und lachte. »Du bist doch schließlich kein Ausländer!« Dann schlug er die Hacken zusammen und fuhr davon ... Mir tut es ein wenig leid für ihn, denn er wird in einigen Tagen eine ganz bittere nationale Enttäuschung erleben, wenn er anfängt, sein Hausboot zu suchen.

Nun treibe ich langsam über die morgendliche Müritz. Sie ist der größte oder zweitgrößte See Deutschlands. Je nachdem, ob man den gesamten Bodensee für einen deutschen See hält oder nur einen Teil davon. Die Müritz ist umgeben von ausgedehnten Wäldern und insgesamt ein unglaublich schönes Naturparadies. Überall finden sich malerische Buchten, Waldseen und Moore. Durch Flüsse und Kanäle sind viele der Gewässer miteinander verbunden. Tatsächlich gelangt man über die Seenplatte von der

Ostsee bis nach Berlin. Pilzsammler finden hier Raritäten wie den Buchen-Schleimrübling, der sehr gründlich gewaschen werden muss und eher mittellecker schmeckt.

Auch Freunde der Großen Rohrdommel kommen voll auf ihre Kosten. Und nicht selten sieht man kleine, süße, flauschige Waschbärenwelpen am Wasser spielen, die von großen Seeadlern ergriffen und in ihrem Horst verspeist werden. Ich muss an Hans Fallada denken. Vielleicht sollte ich ja auch mal ein Kinderbuch schreiben. Ob sich ein renommierter Verlag für *Waschbärbabys in Todesangst* interessieren würde?

Wo keine Natur ist, befinden sich nette mecklenburgische Kleinstädte mit modernen Hafenpromenaden und aufgeräumten Altstädten. In **Röbel** ist eine selten gewordene Fachwerksynagoge zu besichtigen, die heute zu einem Jugendbildungszentrum gehört. In **Klink** irritiert ein Schloss mit seinem merkwürdigen Neorenaissance-Stil. Irgendwie hat man beim Bau vergessen, einen großen Saal einzuplanen und musste nachträglich noch einen Flügel hinzufügen. Der vermittelt nun den Eindruck, als wäre das Schloss gerade wie ein Buch aufgeklappt worden. Natürlich ist auch in der Müritzregion das nächste Spaßbad meistens nicht weit.

Der größte Ort ist **Waren (Müritz)** im Norden des Sees. Er wurde schon 150 n. Chr. von einem Geografen aus Alexandria erwähnt und gehört damit zu den ältesten bekannten Siedlungen Mecklenburgs. Erstaunlich, wo die Ägypter damals überall hinfuhren. In den 1970er- und 1980er-Jahren war im Ortsteil Warensdorf eine der vier sowjetischen Atomraketenstationen auf deutschem Boden. Mit den Mittelstreckenraketen des Typs SS-12 hätte man von Waren aus fast die gesamte Bundesrepublik dem Erdboden gleichmachen können. Einige wenige Einheimische sprechen heute noch von einer verpassten Chance. Doch schon vor der Wende wurden die Waffen im Rahmen der Abrüstungsverhandlungen zwischen Reagan und Gorbatschow von hier abzogen. Wo früher die großen Sowjetkasernen standen, grasen inzwischen Schafe um Fotovoltaikanlagen.

Heute ist Waren ein staatlich anerkannter Luftkurort mit dem Spezialprädikat »Heilbad«, denn immerhin hat Klaus-Jürgen Wussow hier seinen Schulabschluss gemacht. Waren hat noch alles, was in dieser Region selten geworden ist: ein großes Kino, eine direkte Bahnverbindung nach Berlin und die größte jemals in Europa gefertigte Scheibe. Sie trennt 100.000 Liter Wasser von den Besuchern des Müritzeums, der Binnensee-Variante des Stralsunder Meeresmuseums mit Maränenschwärmen und einem – wegen einer seltenen Farbanomalie – goldenen Hecht. Sieht man darüber hinweg, dass neuerdings offenbar jeder Ausstellungsort in Mecklenburg-Vorpommern auf »-eum« enden muss, gehört das Müritzeum mit Sicherheit in das Aktivitätenportfolio jedes Urlaubers in dieser Region.

Gern würde ich jetzt in den Stadthafen einfahren und in einem der kleinen Cafés eine Eierteigware aus der hiesigen Nudelfabrik verzehren, aber ich muss weiter. Durch den Reeckkanal gelange ich in den Kölpinsee und von dort zum Fleesensee. Hier liegt die größte Ferien- und Freizeitanlage Deutschlands mit diversen Hotels, großem

Golfplatz und allerlei Wellnesstempeln. Finanziert wurde dieses einzigartige Projekt durch einen Immobilienfonds, in den auch jeder Normalbürger investieren konnte. Viele Menschen aus ganz Deutschland haben die Chance genutzt und mit dem Fonds ihre Altersvorsorge in den Sand gesetzt.

Ich erreiche den Malchower See. **Malchow** ist eine geteilte Stadt, denn die historische Altstadt liegt auf einer kleinen Insel. Mit dem Rest des Ortes ist sie nur durch eine Drehbrücke verbunden. Wenn die Brücke defekt ist, was bis vor einigen Jahren andauernd passierte, sind die beiden Stadtteile praktisch voneinander abgeschnitten. Diese einschneidende Erfahrung hat die Malchower wahrscheinlich dazu bewogen, in der Stadt ein DDR-Museum zu gründen. Es widmet sich – wie manch anderes DDR-Museum – dem Alltagsleben im Sozialismus. Die schockierten Besucher können dort noch einmal hautnah erleben, wie im damaligen Unrechtsstaat die Eierbecher aussahen. Nämlich teilweise ganz süß – in Huhnform aus blassblauer oder gelber Plaste. Ich überlege kurz, ob ich anlegen und Herr Borchert aus dem Museum abholen soll. Aber dieses schwierige Manöver ist mir mit meiner schwimmenden Gartenlaube zu heikel, denn in der Gegend um Malchow wimmelt es von Booten aller Art. Ich fahre also unter der Autobahn A19 hindurch zum Petersdorfer See. Als ich schließlich den Plauer See vor mir sehe, geht die Sonne bereits unter.

Vor mir liegt die Silhouette der kleinen Stadt **Plau am See** mit ihrer blauen Hubbrücke und der weißen »Hühnerleiter« für die Fußgänger. Ob das Kino noch einmal öffnen wird, ist ungewiss. Der einzige Club in der Nähe (Apollo-Club) behauptet, dass man dort das »Feiern mal wieder ganz neu Erleben« kann. Das Titelbild auf seiner Home-page zeigt eine leere Tanzfläche ... Kein Wunder, dass in Plau am See Dr. Alban begraben liegt.[13] Wieder eine dieser Kleinstädte, in denen man denkt: »Schöne Straßen, harte Jugend.« So wie in Goldberg, Sternberg, Krakow am See und all den anderen Orten mit Ochsen im Wappen.

Andererseits gilt das ja eigentlich für jede Kleinstadt dieser Welt. Wenn man jung ist, ist alles zu eng, man will mehr, man will raus, man wartet ungeduldig auf den Motorradführerschein, um endlich in die nächstgrößere Kleinstadt zu kommen. Schließlich bleiben aber doch die meisten ihrer Heimat treu. Auch in Mecklenburg-Vor-pommern verlassen inzwischen weniger Menschen das Land, als hierher umzuziehen. Viele kehren auch nach einigen Jahren aus den Metropolen in ihre Geburtsorte zurück. So schön es in Städten wie Berlin sein kann – sich morgens um zwei Uhr langsam zum Weggehen fertig ma-chen, alle drei Tage eine neue Beziehung, vier Stunden für eine Ausstellung anstehen –, die Beschaulichkeit aus Kindheitstagen ist ab einem gewissen Alter doch wieder sehr attraktiv. So ab Mitte 20. Die Enge von früher wird dann zur Nähe und Geborgenheit für den Herbst des Le-bens.

Ich lasse das Boot langsam über das Wasser gleiten und höre den Fröschen beim Balzen zu. Vielleicht ist die

---

13 Dr. Ernst Alban (1791–1856), Mediziner und Erfinder der Hochdruck-Dampfmaschine.

Seele dieses Bundeslandes ja wirklich nicht am Meer zu finden, sondern genau hier, in den Gewässern und Wäldern der Mecklenburgischen Seenplatte? Habe ich mich überhaupt bemüht, MV wirklich zu verstehen? Diese stille Weite und knorrige Gemächlichkeit? Dieses Kartoffelsuppe essende Volk mit seiner langen Geschichte, das den kargen Boden urbar gemacht, den Hunger bezwungen und die Städtebauförderung voll ausgereizt hat? Die fleißigen Menschen, die zu allem bereit sind, solange sie nur bald wieder ihre Ruhe haben können? Doch wie soll man das alles in einen Satz fassen? Was ist das Typische?

Mein Blick fällt auf einen der Touristen-Flyer, die im Hausboot liegen: »Sommerrodelbahn und Affenwald Malchow«. Sommerrodelbahn *und* Affenwald in einem ... Vielleicht mache ich mir doch zu viele Gedanken. Hauptsache die Leute kommen. Ob in den Affenwald mit Rodelbahn oder in den Atombunker mit live nachgestelltem Angriffsszenario (Tribsees bei Stralsund) oder ins ganz neue Mehlsackmuseen (MehlWelten Wittenburg, demnächst wahrscheinlich »Mehlsackeum«). Letztlich bemühen sich doch alle nur, Gästen und Einheimischen Attraktionen zu bieten und damit ein paar Euro zu verdienen.

Irgendwo im Dunkeln höre ich einen Bär brüllen. Im Süden des Plauer Sees liegt der Bärenwald Müritz. Er hat sich in den letzten Jahren zu Recht zu einem Besuchermagneten entwickelt. Hier können Tiere, die aus unwürdiger Haltung gerettet wurden, einen einigermaßen artgerechten Lebensabend verbringen. Viele Städte, zum Beispiel Bernburg in Sachsen-Anhalt, fanden es ja lange Zeit unheimlich originell, in ihren alten Burggräben Bären hausen zu lassen. Dort gerieten sie bald weitgehend in Vergessenheit. Nur ab und zu, wenn ein Haustier oder ein Tourist in den Graben fiel und die Bären diese für ein Spezialabendbrot hielten, wurde die Öffentlichkeit wieder aufmerksam.

Im Bärenwald Müritz bei Stuer haben die Tiere nun sehr viel Platz und bekommen vernünftiges Futter. Enorme Zäune, Schleusen und Elektrodrähte beschützen die Tiere vor den Touristen. Doch die Anlage ist kein Zoo: Wenn die Bären keine Lust haben, ziehen sie sich einfach in den hinteren Teil ihres Geländes zurück. Viele der ehemaligen Zirkus- und Attraktionsbären mussten erst mal lernen, dass sie nun eine Privatsphäre haben. Inzwischen wissen sie es und unterscheiden sich damit von vielen ihrer Besucher.

Apropos: Ich war ja seit Tagen nicht mehr bei Facebook! Hier auf dem Plauer See gibt es sogar Internetempfang. Ich habe zwei Freundschaftsanfragen. Vielleicht hat *sie* mich inzwischen doch gefunden? Denkbar wäre es! Am Ende wird also doch noch alles gut! – Nein. Die Anfragen sind von dem Tandemfahrer aus Stuttgart und dem Gärtner mit dem Totenkopf. Der Stuttgarter hat gerade ein YouTube-Video von einem niesenden Pandababy gepostet. Sonst ist eigentlich nichts passiert. Vielleicht ist dieser Bärenwald auch eine Art Gleichnis für das Leben in diesem Bundesland: »Mecklenburg-Vorpommern – viele Besucher und eine einigermaßen artgerechte Haltung.«

Potemkinsche Weihnachtsmärkte und feudale Fake-Profile

Tag 23: Güstrow und Ludwigslust

Am nächsten Morgen bade ich nach dem Frühstück noch einmal im Plauer See und rufe dann die nette Frau Thielmann von der Spezialspedition F. an. Vor einiger Zeit sind wir einmal bei einer Jubiläumsfeier dieser Firma spontan für erkrankte Kollegen eingesprungen. Seitdem haben wir dort etwas gut, und das vergisst man hier nicht. Wenn sehr große Dinge, zum Beispiel Lkw, Panzer oder Dampflokomotiven vom Weg abkommen, werden sie von der Firma F. mit noch größeren Geräten geborgen. Frau Thielmann kann sich noch an mich erinnern und schickt sofort einen der großen Schlepper los, obwohl heute Sonntag ist und die Mitarbeiter eigentlich nur Bereitschaftsdienst schieben. Der Spezialkran hebt das Hausboot langsam aus dem See und setzt es vorsichtig auf seiner Ladefläche ab. Dann fahren wir gemeinsam in Richtung Güstrow und lassen das Boot im kleinen

Tümpel eines noch kleineren Dorfes feierlich wieder zu Wasser. An die Tür klebe ich noch einen Zettel mit dem Hinweis »Komme gleich wieder« und setze den Namen und die Adresse des national befreiten Hausbootbesitzers darunter. Dann lade ich den Fahrer in Güstrow auf einen Schwedeneisbecher ein (Vanilleeis, Apfelmus, Eierlikör – eine leckere Spezialität aus Besatzungszeiten).

Über der Stadt liegt die klassische Sonntagsstille. Das allgemeine Spazierwesen hält sich in Grenzen. Dabei ist der siebtgrößte Ort des Landes voller sehenswerter Groß- und Kleinode. Doch die Touristen übersehen **Güstrow** oft, weil es nicht nahe genug am Meer liegt und über kein gigantisches Aquarium verfügt. Die Stadt ist daher vielleicht die unterschätzteste in Mecklenburg-Vorpommern. Die Einheimischen sind deswegen oft traurig und beißen missmutig in ihre Döner. Nur einmal im Jahr, am Tag vor der Deutschen Einheit, strömen sie zur Güstrower Kunstnacht aus ihren Häusern und entdecken begeistert, wo sie eigentlich leben, ehe sie am nächsten Tag wieder in urbaner Melancholie versinken.

Vielleicht war es diese eher punktuelle Begeisterungsfähigkeit der Güstrower, die das SED-Regime zu einer der gruseligsten Aktionen der DDR-Geschichte bewog. Als Bundeskanzler Helmut Schmidt im Dezember 1981 in Güstrow mit Erich Honecker zusammentraf, mussten nämlich fast alle Einheimischen in ihren Wohnungen verbleiben. Stattdessen mimten unzählige Stasi- und Parteileute fröhliche und zufriedene Besucher des Güstrower Weihnachtsmarktes. Größtenteils handelte es sich dabei um junge Männer in Dreiergruppen mit kurzen Haaren und identischen Anoraks – die perfekte Imitation einer typischen DDR-Familie. So standen sie dann auf dem Potemkinschen Weihnachtsmarkt, fuhren Kettenkarussell und aßen Zuckerwatte. Immer wieder brach dabei ihre winterliche Lebensfreude und das Glücksgefühl, in der sozialistischsten DDR der Welt zu leben, spontan aus ihnen heraus. Dann riefen sie plötzlich: »Ein Hoch auf unseren Generalsekretär Genossen Erich Honecker!«, oder: »Lang lebe die internationale Solidarität!« – und zogen danach weiter zur Losbude. Bundeskanzler Helmut Schmidt sollte natürlich von so viel Heimeligkeit in der Weihnachtszeit beeindruckt sein. Doch der Kanzler dachte nur: *Fremdschäm*. Und zündete sich zwei Zigaretten an.

Doch die städtebaulichen Highlights Güstrows konnte auch der Klassenfeind nicht leugnen! Wir gehen an dem sehr großen Renaissance-Schloss vorbei, und mein Begleiter fragt sich, wie viele Spezialkranlader wohl nötig wären, um es zu versetzen. So sieht jeder die Dinge mit anderen Augen. Ich frage mich sofort, ob das Schloss wohl gerade restauriert wird. Hat sie damals nicht Güstrow gesagt? Oder war es Ludwigslust? Oder beides? Ich könnte einfach schnell hineingehen und gucken, ob sie irgendwo im Schloss arbeitet! Vielleicht führt uns das Schicksal hier zusammen? Womöglich ist das sogar die allerletzte Chance für meine große Liebe! Andererseits: Fünf Euro Eintritt? Doch ich habe eine Lösung: Ich lege den Daumen präzise über die Semesterangabe meines abgelaufenen Studentenausweises und komme für 3,50 Euro in das Schloss.

Viel Zeit habe ich nicht, denn der Spezialtransporter muss zurück zur Firmenzentrale nach Ludwigslust. Ich laufe vorbei an herzoglichen Jagd- und Prunkwaffen und muss lachen, denn in der Eile lese ich »Jagd- und Punkwaffen«. Einst war das Schloss Residenz der Herzöge von Mecklenburg-Güstrow, doch als diese Linie ausstarb, wurde es zum Lustschloss der Schweriner Herzöge. Hier kamen die Herrscher und ihre Liebesdienerinnen zum diskreten Stelldichein und Geschlechtsverkehr zusammen. Gemälde stolzer Einhörner und Wandschmuck mit kopulierenden Wildschweinen erinnern an diese schöne höfische Tradition. Zwischen all der Renaissance-Malerei fällt mir schließlich wieder ein, dass heute Sonntag ist. Selbst wenn sie hier irgendwo arbeiten würde, wäre sie heute nicht hier. Und auch das Hauspersonal weiß von nichts. Traurig schlurfe ich aus dem Schloss und werde gleich nach dem Weg gefragt, weil ich nun wie ein Einheimischer aussehe.

Ich sage zu dem Fahrer, dass wir losfahren können. Doch er entgegnet erstaunt: »Wir haben doch noch gar nicht Käthe Kollwitz gesehen.« Das stimmt. Sie hängt im Güstrower Dom als Mahnmal für die Opfer des Ersten Weltkriegs. Irgendwie muss Ernst Barlach (1870–1938) beim Fertigen der berühmten Skulptur ein bisschen geträumt haben, denn *Der Schwebende* ähnelt seiner Kollegin Käthe Kollwitz so sehr, dass er es selbst nicht lange leugnen konnte. Das sorgte seinerzeit in der Mahnmalbranche natürlich für einiges Getuschel.

Ab 1910 lebte der als Maler, Bildhauer und Schriftsteller tätige Expressionist in Güstrow. Etwas außerhalb der Stadt am Inselsee liegt sein Atelierhaus, das heute ein interessantes Museum ist. Seit 2006 trägt Güstrow den offiziellen Namenszusatz »Barlachstadt«, und man muss sagen: Selten hat ein Künstler besser zu einer Stadt gepasst als Barlach zu Güstrow. Oder anders formuliert: Die Lebensfreude springt einen aus dem Barlachschen Schaffen auch nicht gerade an wie ein junger Hund. Immerhin hat Barlach versucht, eine neue Ära der künstlerischen Erinnerungskultur zu begründen. Seine Kriegerdenkmäler waren nicht mehr heroisch verbrämt, sondern machten das Leiden und Sterben sichtbar. Das fanden die Nazis natürlich nicht besonders hilfreich. Sie zählten Barlachs Werke zur »entarteten Kunst« und entfernten sie aus allen Ausstellungen. *Der Schwebende* wurde einfach eingeschmolzen, aber ein versteckter Nachguss überlebte glücklicherweise den Krieg.

Das hiesige Theater wurde ebenfalls nach Barlach benannt. Die ersten Theateraufführungen fanden in Güstrow aber schon Mitte des 16. Jahrhunderts statt. Wenige Jahre später startete Hans Albers (1891–1960) im Güstrower Theater seine Karriere als Schauspieler. Inzwischen wurde das Haus in dem schönen klassizistischen Bau von 1828 allerdings auf Gastspielbetrieb umgestellt. Es dominieren Konzerte sowie Fachvorträge mit Comedy-Elementen über Hundeerziehung und gerichtsmedizinisch relevante Madenarten. Doch auch das ist vielen Entscheidungsträgern noch zu teuer, denn die Kassen der Städte sind leer und überall wollen neue Umgehungsstraßen in die Landschaft asphaltiert werden. Aber immerhin: Noch leistet sich das Land vier große Theater und Orchester in

Rostock, Schwerin, Stralsund/Greifswald und Neubrandenburg/Neustrelitz.

Wir verlassen den großen Dom und gehen noch schnell den versprochenen Schwedeneisbecher essen. Mein Begleiter fragt, ob er statt des Eierlikörs auch einen Pfeffi in sein Eis haben kann. Die Kellnerin guckt ihn schwermütig an und sagt nach einer endlosen Pause: »Ja, klar. Kein Problem.«

Die Tour nach Ludwigslust kommt mir dann um einiges rasanter vor als die Hinfahrt. Ich frage den Fahrer, ob man mit einem 120-Tonner wirklich 160 fahren darf. Doch er kann mich nicht hören, denn er hat das Radio voll aufgedreht und singt laut: »Völlig losgelöst von der Erde ...« Einen Vorteil hat das Ganze: Je schneller er fährt, desto eher ist die Lebensgefahr wieder vorbei.

Irgendwie kommen wir lebend in **Ludwigslust** an. Bevor er zu seiner Firma ins Gewerbegebiet fahren kann, muss er allerdings noch zwei Rehe vom Kühler kratzen. Mich setzt er direkt vor dem Schloss ab. Als ich vor dem großen spätbarocken Bau stehe, regt sich plötzlich eine Erinnerung. Hat sie nicht wirklich von Ludwigslust gesprochen? Und tatsächlich, das Schloss wird seit 2011 saniert! Jetzt weiß ich es wieder: Ich hatte sie gefragt, ob die Arbeit nicht sehr anstrengend wäre, zum Beispiel, wenn man bei der Restaurierung die Absicht hat, eine Mauer zu errichten. Da hatte sie gelacht und gesagt, dass niemand diese Absicht habe. Sie würde viel eher mit Pappe, etwas Holz und Leim arbeiten. Damals hielt ich das für einen Scherz der Kategorie »Kann man mal machen«. Aber jetzt weiß ich, was sie gemeint hat, denn das Schloss

Ludwigslust ist ein großer, prunkvoller Etikettenschwindel. Ein feudales Fake-Profil. Büsten, Ornamente, Möbel, Kerzenleuchter – alles wurde aus Pappmaché gefertigt. Selbst viele Skulpturen im Schlossgarten bestehen nur aus geschichtetem Papier mit Leim und Öl.

Es war 1772 im Prinzip so wie bei vielen Familien heute: Man kauft sich ein etwas zu teures Haus, und dann fehlt das Geld für die Inneneinrichtung und den Jiu-Jitsu-Kurs der Kinder. Also hat Sparfuchs Herzog Friedrich ganz einfach die Crème de la Crème der Pappmaché-Herstellung nach Ludwigslust geholt. Die so gefertigten Kunstwerke waren nicht nur deutlich preiswerter, sondern boten auch unschätzbare Vorteile bei Umzügen: Man verscherzte es sich nicht mit seinen Freunden, weil sie schwere Marmorbüsten in die Umzugskutsche heben mussten.

Der ermäßigte Eintritt kostet bloß zwei Euro, denn wegen der Sanierung sind nur Teile des Schlosses zu besichtigen. Finden kann ich *sie* – wie erwartet – nicht (unter anderem, weil noch immer Sonntag ist). Ich befrage Ticketverkäufer, Wachpersonal, den Hausmeister, aber niemand weiß etwas. Eine Museumsführerin kann sich auf einmal erinnern. Gott sei Dank! Sie sagt, eine Frau, die meiner Beschreibung sehr ähneln würde, sei vor einiger Zeit im Schloss gewesen. Endlich!, denke ich. Aber als Besucherin und nicht als Restauratorin, sagt sie. Sie habe sich sehr für die Größenverhältnisse interessiert. Na toll, sie hat sich also sehr für die Größenverhältnisse interessiert. Die Spur wird ja immer heißer ... Dann muss ich ja nur noch eine Anzeige in der Schweriner Volkszeitung schalten: Suche nette Sie, die sich sehr für Größenverhältnisse interessiert! Das hat doch alles keinen Sinn.

Ludwigslust hat mir noch nie Glück gebracht. Von Einheimischen wird die Stadt übrigens nur »Lulu« genannt. »Hey, am Wochenende geht's nach Lulu!« – so richtig cool klingt das nun wirklich nicht. Nicht umsonst war Lulu der nervigste Charakter der NDR-Puppenspielserie *Hallo Spencer*, diese verstrahlte Freundin des superlangweiligen Beamtentypen Elvis.

Ich hatte hier einst einen denkwürdigen Auftritt für die Ludwigsluster Fleischfabrik, einem der großen nationalen Player in Sachen Brüh-, Koch- sowie Roh- und Dauerwurst. Es gab ein Festbankett zu Ehren der neuen Fertigungsanlage. Absolut niemand der Ehrengäste aus Politik und Wirtschaft ließ sich während unserer Darbietung dazu hinreißen, von den Delikatess-Zungenwurst-Häppchen aufzublicken und über die große leere Tanzfläche hinweg auf die Bühne zu gucken. Wir gingen daraufhin einfach nach zehn Minuten (gefühlt: drei Tage) wieder ab, ohne dass irgendjemand davon überhaupt Notiz nahm. Das Kuriose: Der Veranstalter war deswegen nicht sauer, sondern lobte uns für diese professionelle Entscheidung und übergab uns die Gage. Richtig niedergeschlagen waren wir ohnehin nicht, denn so wie bei fast allen dieser »Gala-Auftritte« war auch diesmal wieder ein DJ vor Ort, der uns die richtig harten Künstlerstories erzählte. Die DJs leiden immer am meisten. Sie kommen als Erste und gehen zuletzt. Und dazwischen können viele verstörende Dinge passieren. Dagegen sind zehn Minuten Auftritt vor einer mampfenden Mauer des Schweigens gar nichts.

Ich laufe noch etwas ziellos durch die eleganten klassizistischen Straßen der Stadt und frage mich, warum es bei der Ludwigsluster Fleisch- und Wurstwarenspezialitäten GmbH & Co. KG (seit 1892) ein Produkt namens »Grützwurst ohne Rosinen« gibt. Für mich persönlich ist das eigentlich eine Selbstverständlichkeit. Steht hier auf den Trockenfrüchtepackungen auch »Rosinen ohne Grützwurst«? Wer weiß. Auf einer Bank sehe ich eine junge Frau. Sie liest ein Buch mit dem Titel *Spinnen – das neue alte Hobby.* Ich habe das Gefühl, die Menschen können hier mit inneren Widersprüchen ganz gut umgehen. Vielleicht ist das auch der Schlüssel für meinen Slogan: »Mecklenburg-Vorpommern – zwischen Schlössern und Fleischern«.[14] Im Grunde trifft's das.

Heute ist die letzte Nacht meiner MeckPomm-Odyssee. Ich könnte ins Hotel Erbprinz gehen, das würde zur Residenzstadt passen. Oder ich nehme mir zum feierlichen Abschluss der Reise eine schöne Suite im nahe gelegenen Schlosshotel Neustadt-Glewe. Doch wenn ich mir die konkreten Ergebnisse meiner Tour vergegenwärtige, dann fühle ich mich heute doch eher nach Pension Rico Schaffke (»Sat-TV sorgt für Entspannung und Unterhaltung«). Eben mecklenburgisch-bodenständig. Ich stoße mir mehrmals den Kopf an den Dachschrägen im Zimmer und lege mich dann ins Bett.

Ich könnte die Reise jetzt noch einmal vor meinem geistigen Auge Revue passieren lassen, vielleicht fällt mir

---

14 Für die etwas Älteren vielleicht: »Mecklenburg-Vorpommern – Schlösser und Katenschinken«.

dann ein Slogan ein, womöglich einer, der all das Erlebte, all die Eindrücke auf einzigartig prägnante Weise zusammenfasst. Doch ich schlafe sofort ein und träume ein letztes Mal von … Herrn Borchert.

Showdown im Stalinbau
Tag 24: Schwerin

Der letzte Tag. Heute muss ich ins Ministerium nach Schwerin. Ich stehe sehr früh auf und gehe zum Bahnhof. Noch einmal zieht die mecklenburgische Landschaft an mir vorbei. Leider konnte ich sehr viele sehenswerte Orte in MV gar nicht besuchen. Ich war nicht im Fliesenmuseum Boizenburg an der Elbe. Oder in der Skihalle Wittenburg mit der 330 Meter langen Indoor-Piste und ungeklärten Besitzverhältnissen (Tagestickets ab 45 Euro, seit einiger Zeit heißt sie aus PR-Gründen Skihalle Hamburg-Wittenburg, obwohl Hamburg fast 80 Kilometer entfernt ist).

Ich habe Parchim nicht besucht, wo chinesische Investoren seit Jahren den Parchim International Airport (!) zu einem Drehkreuz zwischen Europa und China machen wollen. Dass sie Ahnung von Geschäften haben, stellten sie bereits unter Beweis: Sie überwiesen einfach nur die Hälfte des Kaufpreises an den Landkreis – und der drückte ausnahmsweise mal beide Augen zu. Demnächst soll es dann mit dem Flugbetrieb so richtig losgehen. Ganz bestimmt.

Gern wäre ich noch durch die Kyritz-Ruppiner Heide ganz im Süden des Landes spaziert. Hier sollte vor einigen Jahren mitten im Naturschutzgebiet der modernste Bombenabwurfübungsplatz Europas – das sogenannte Bombodrom – entstehen. Das Bundesverteidigungsministerium erklärte seinerzeit, angesichts der Bundeswehreinsätze in Afghanistan und Afrika wäre eben nur Mecklenburg-Vorpommern mit den Krisengebieten der Dritten Welt einigermaßen vergleichbar. Jedenfalls habe ich das bei Auftritten stets behauptet. Jahrelange Proteste – höchstwahrscheinlich angeheizt durch meine gezielte Verleumdung – verhinderten den Bau schließlich. Vielleicht hat auch der Widerstand der Landesregierung ein wenig dazu beigetragen.

Ich war auch nicht in Horst bei Boizenburg, wo Hamburg, Niedersachsen und Mecklenburg-Vorpommern Hunderte Asylbewerber mitten im Wald isolieren. Der nächste Ort ist mehrere Kilometer entfernt. Damit wir alle nicht so oft daran erinnert werden, dass es tatsächlich noch Menschen gibt, denen es schlechter geht als uns.

Sogar das Landgestüt Redefin habe ich verpasst – die hochsubventionierte landeseigene Deck- und Besamungsstation für ambitionierte Stuten. Sie liegt 20 Kilometer von Ludwigslust entfernt und kann auf eine mehr als 300-jährige Tradition zurückblicken. Im herrschaftlichen Ambiente der großen klassizistischen Anlage wartet so mancher Bundesprämienhengst auf seinen Einsatz, zum Beispiel Alswin (von Agnus Dei-Granat). Regelmäßig finden Hengstparaden statt, im Sommer gibt es auf persönliche Initiative des Landwirtschaftsministers »Picknick-Pferde-Sinfonie-Konzerte«. Auf jeden Fall bietet Redefin Erlebnisse der sehr speziellen Art.

In all diesen Orten versuchen Leute, irgendetwas auf die Beine zu stellen oder am Leben zu erhalten. Manchmal reicht es trotzdem nur für zwiespältige Erfolge: Vom Zug aus ist am Horizont die kleine Stadt Crivitz zu erahnen. Nach ihr wurde ein sechs Kilometer breiter Krater auf dem Mars benannt. Nicht jeder Ort würde das als Auszeichnung betrachten. Aber: Immerhin landete darin 2004 der Mars-Rover Spirit.

Der Zug fährt in den Hauptbahnhof der Landeshauptstadt **Schwerin** ein. Am Nachbargleis spielen sich tumultartige Szenen ab. Grau melierte Herren mit Kaffeebechern in der Hand scheinen sich einarmig mit verärgerten Handwerkern zu prügeln. Frauen in Businesskostümen und Pumps versuchen, übermüdete Mittzwanziger mit ihren Rollkoffern in Richtung Treppen zu drängen. Doch diese schaufeln sich den Weg zur Gleiskante mit ihren iPads sofort wieder frei (immer kräftig auf die Nase). Bahnmitarbeiter versuchen, Verletzte aus der Gefahrenzone zu bergen und werden von diesen mit zusammengerollten Tageszeitungen traktiert. Ein Fahrgast, der mir gegenüber sitzt, sieht meinen erschrockenen Blick und sagt: »Das ist hier jeden Morgen so. Vor allem montags.« Es sind die Pendler nach Hamburg, die einen Sitzplatz im IC ergattern wollen, der gleich einfahren wird.

Halb Westmecklenburg arbeitet nun mal in Hamburg. Wer hingegen in Schwerin aus dem besagten IC aussteigen will, darf keine Sekunde verlieren. Er muss sofort in die schmale Gasse springen, die die Wartenden vor der

Tür widerwillig öffnen. Ein kurzes Zögern, ein kleiner Stolperer genügen und man wird von den hereinströmenden Massen überrannt. Wenn das passiert, kommt an diesem Bahnhof niemand mehr aus dem Zug. Aber damit kein falsches Bild entsteht: Natürlich pendeln auch aus Hamburg täglich Arbeitnehmer nach Schwerin. Oft bis zu vier Personen.

Schwerin ist die zweitgrößte Stadt des Landes und mit unter 100.000 Einwohnern die kleinste Landeshauptstadt Deutschlands. Sie hat den Ruf, eine Beamtenstadt zu sein, weil hier etwa jedes dritte Haus ein Ministerium ist und Schwerin als einziger größerer Ort in Mecklenburg-Vorpommern keine eigene Hochschule besitzt. Dadurch fehle ihr – so sagt man – die bunte, verrückte, intellektuelle Studentenszene, die Städte wie Rostock, Stralsund oder Neubrandenburg so wahnsinnig ausgeflippt macht. Ich finde nicht, dass das stimmt. In Wirklichkeit ist Schwerin eine Kulturstadt mit vielen Museen, Galerien und Konzerten.

Es ist wohl eher so: Nirgendwo in Mecklenburg-Vorpommern prallen die Gegensätze zwischen Bürgertum und schwierigen Lebens- und Einkommensverhältnissen so sehr aufeinander wie in Schwerin. Die NDR-Dokumentation *Die hungrigen Kinder von Schwerin* (2011) zeigte Kinder und Jugendliche aus dem Plattenbauviertel Großer Dreesch, die in ihrem ganzen Leben noch nicht im Stadtzentrum waren, geschweige denn irgendwo anders. Wie überall im Land versorgen die Tafeln hier immer mehr Menschen mit Lebensmitteln. Inzwischen toben auch in Schwerin Flaschensammlerrevierkämpfe. Auf der anderen Seite gehen in keiner anderen Stadt des

Landes so viele Menschen ins Theater wie hier. Die Musikschulen platzen aus allen Nähten, überall tönen Oboen und Fagotte aus den Fenstern. Und viele Einwohner werden unruhig, wenn sich der neue Manufactum-Katalog ein paar Tage verspätet. Zum Glück passiert das selten.

Es ist noch viel zu früh, um schon zum Wirtschaftsministerium zu gehen. Also spaziere ich noch ein wenig durch die Stadt. Vom Bahnhofsvorplatz aus führt eine abschüssige Straße zum Pfaffenteich. Er ist einer von insgesamt zwölf Seen, die in und um Schwerin liegen, darunter mit dem **Schweriner See** das viertgrößte Binnengewässer Deutschlands. Viele Menschen kommen daher mit dem Segelboot zur Arbeit. Auf dem kleinen Pfaffenteich zieht eine Fähre unermüdlich ihre Bahnen. Sie wird nicht oft genutzt, denn mit dem Fahrrad ist man in drei Minuten auf der anderen Seite.

Wer dringend ein paar Granaten oder Gewehre braucht, kann sich die hier und aus dem benachbarten Ziegelinnensee holen, denn nach dem Zweiten Weltkrieg wurden Waffen und Munition von den Alliierten darin zwischengelagert. Sie sollen zum Teil noch originalverpackt im Wasser liegen und manch illegaler Wehrsportgruppe als Nachschubreservoir dienen. Damit sparen Bund und Land immerhin die teure Räumung.

Ich benötige heute vermutlich keine Waffe und gehe weiter in die Innenstadt. Hier gibt es noch richtigen Einzelhandel. Wenn man Käse möchte, geht man in ein Käsegeschäft. Wenn man russische Spezialitäten wünscht, geht man in ein russisches Spezialitätengeschäft. Und wenn man mal gar nichts kaufen will, dann geht man in ein leeres Geschäft. Eine ganze Reihe Läden ist zurzeit nämlich nicht vermietet.

So früh am Morgen ist natürlich noch alles geschlossen, und man muss in der Fußgängerzone gut aufpassen, denn Müllautos und Staatssekretäre kreuzen den Weg.

Schließlich stehe ich am Ende der Schlossstraße und schaue auf das Gebäudeensemble, das in den nächsten Jahren einmal UNESCO-Welterbe werden soll. Zu ihm gehören die Staatskanzlei (1834), das Schweriner Theater (1886), das Staatliche Museum (1882) und natürlich das Schweriner Schloss (bis heute nicht richtig fertig) auf der Schlossinsel. In der Mitte der Bauten liegt der Alte Garten. Der Name täuscht ein wenig, denn es handelt sich dabei im Wesentlichen um einen großen Sandplatz. Alle paar Jahre wird das den Schwerinern zu langweilig und sie teeren das komplette Areal. Einige Zeit später fräsen sie den Belag dann wieder weg. Hier ist also immer was los.

Ab 1358 diente Schwerin als Residenzstadt der mecklenburgischen Großherzöge (mit einer Unterbrechung von 1765 bis 1836). Doch schon im 10. Jahrhundert stand auf der Insel eine slawische Burg. Mitte des 19. Jahrhunderts erhielt das Schloss im Wesentlichen sein heutiges Aussehen mit den fünf unübersichtlichen Flügeln. Wenn die Sonne auf die vergoldeten Türmchen und Kuppeln des Schweriner Schlosses scheint, strahlt es schon ein bisschen sonnengottmäßig. Es wird – natürlich – auch das »Neuschwanstein des Nordens« genannt, so steht es jedenfalls in den Reiseführern (»Versailles des Nordens« ist schon Ludwigslust). Ich selbst habe das hier aber noch nie jemanden sagen hören. Obwohl da was dran ist. Wenn

Kinder das Schloss sehen, denken sie oft, dass ihre Eltern mit ihnen einen Überraschungsausflug ins Disneyland Paris gemacht haben. Das dortige Dornröschen-Schloss ist ja ebenfalls im romantisch-eklektizistischen Türmchen-Historismus gebaut. Entsprechend groß ist dann die Enttäuschung, wenn sie im Schlossmuseum die Porzellangalerie besichtigen müssen.

Das Museum erstreckt sich über drei Etagen. Zu sehen sind unter anderem die Wohn- und Gesellschaftsräume der Großherzogin (Beletage) und die Repräsentations- und Festräume (Festetage) mit dem Thronsaal. Auf dem Dachboden stehen zwei große Holzsärge, die für Dracula-Feeling sorgen. Vermutlich handelte es sich um Reisesärge der Herzogsfamilie. Wenn man schon im Urlaub verschied, sollte wenigstens die Rückfahrt komfortabel sein. Seit 2013 kann auch die restaurierte Schlosskirche wieder betreten werden. Sie fasziniert vor allem durch die königsblaue Himmelsdecke mit ihren 8.758 goldenen Sternen. Für mindestens 50 Euro kann man hier eine Sternpatenschaft übernehmen. Wer also zu seiner Partnerin oder seinem Partner sagen will: Ein' Stern, der deinen Namen trägt, hoch am Himmelszelt, den schenk' ich Dir heut' Nacht – der sollte zum einen dringend seinen Musikgeschmack kritisch überprüfen und sich zum anderen beeilen, denn allzu viele Sterne sind nicht mehr frei. Im Schlossgarten unter der Aussichtsterrasse findet sich noch eine extrem romantische Felsengrotte, die zum heimlichen Munkeln am Seeufer diente. Von hier aus führte ein Gang ins Schlossinnere, durch den Konkubinen und sonstige Grundnahrungsmittel über den Seeweg ins Gebäude gelangten.

Ein großer Teil des Schlosses kann nur sehr eingeschränkt besichtigt werden, denn hier residiert der Landtag Mecklenburg-Vorpommern: 71 Abgeordnete und ihre Mitarbeiter sowie die Landtagsverwaltung. Bei den monatlichen Plenarsitzungen darf man zusehen, die Ausschüsse hingegen sind nicht öffentlich, weil sich die Regierungsmehrheit nicht gerne bei der Sacharbeit zugucken lässt. In den Ausschüssen wird nämlich derart pragmatisch und jenseits aller Parteigrenzen um die richtige Lösung gerungen, dass das die Bürgerinnen und Bürger nur irritieren würde. Sagt man.

Als Besucher lebt man hier übrigens nicht ganz ungefährlich – selbst Mitarbeiter verlaufen sich am Anfang einer Legislaturperiode häufig im Durcheinander der Gänge und Treppen. Manche Referenten wurden erst nach Tagen völlig dehydriert in entlegenen Turmzimmern wieder aufgefunden. Nach einigen verschollenen Abgeordneten wurde gar nicht erst gesucht.

Ich gehe rechts am Schloss vorbei in den großen Schlossgarten, der 2009 im Rahmen der Bundesgartenschau noch einmal generalüberholt wurde. Die BUGA hat übrigens das sagenhafte Kunststück geschafft, keine Verluste einzufahren. Das ist praktisch unmöglich. Überall in Deutschland zahlen Städte heute noch für Kosten längst vergangener Gartenschauen. Aber Mecklenburg-Vorpommern ist ja auch eines der wenigen Bundesländer, deren Landeshaushalt Überschüsse erwirtschaftet. Das liegt zwar vor allem an den EU- und Finanzausgleichsmitteln, aber immerhin. Irgendwann, wenn die ganz große Eurokrise kommt und das ganze Geld nichts mehr wert ist, dann können wir stolz sagen: Wir haben unsere Schulden abbezahlt.

Gerne würde ich noch weiter am Ufer des Schweriner Sees entlanglaufen, denn erst mit etwas Abstand ist das Schloss in seiner ganzen Pracht zu sehen. Außerdem gelangt man dort an kleine Badestellen und schöne Villenbebauung. Aber jetzt ist es langsam so weit: Ich muss zum Ministerium und meinen Vorschlag abliefern. Während des Spaziergangs bin ich noch einmal alle Ideen und Slogan-Varianten durchgegangen. Der Claim muss kurz und prägnant sein, er soll unser Bundesland in ein gutes Licht rücken und er darf nicht komplett gelogen sein. Damit war die Sache klar. Mein Favorit lautet: »Mecklenburg-Vorpommern – immer noch besser als Schleswig-Holstein!«

Das Ministerium für Wirtschaft, Bau und Tourismus ist ein großer fünfgeschossiger Bau aus der Stalinzeit. Vor der Wende war hier eine Funktionärsschmiede des Zentralkomitees der SED. Dieses Flair strahlt das Gebäude noch immer aus. Pünktlich zur vereinbarten Zeit stehe ich am Empfang und will mich bei Abteilungsleiter Schmidt[15] anmelden. Die beiden Männer vom Sicherheitspersonal des Ministeriums gucken sich fragend an. Sie erkundigen sich noch einmal nach dem Namen und suchen dann kopfschüttelnd in ihren Mitarbeiterlisten. Schließlich sagt der Ältere von beiden: »So einen gibt's hier nicht.«

Für einen Moment bin ich geschockt. Das kann doch nicht wahr sein. »Aber ...«, stottere ich, »da war doch dieser

---

15 Name nach wie vor geändert.

Mann ...« In diesem Moment prusten die beiden Männer laut los. »War nur ein Spaß, natürlich kennen wir Herrn Schmidt«, sagt der Jüngere grinsend, während er die speichelbesprenkelte Sicherheitsscheibe wieder trocken reibt. Ich kann das ganz und gar nicht witzig finden, manchmal geht mir dieser trockene Humor schwer auf den Senkel. Aber ich lasse ihnen die Freude. Im Wirtschaftsministerium des Landes Mecklenburg-Vorpommern hat man nun wahrlich wenig Grund zum Lachen.

Allerdings würde ich jetzt doch ganz gerne meinen Termin wahrnehmen. Plötzlich schauen beide wieder sehr ernst: »Geht nicht.« Die Blicke verunsichern mich. Ob ihm etwas passiert ist? »Ja«, sagt der Ältere leise. Und der Jüngere ergänzt flüsternd: »Einstweiliger Ruhestand.« Offenbar hat Herr Schmidt in den letzten Wochen für einige Irritationen gesorgt. Er sei auf vielen merkwürdigen Dienstreisen gewesen und danach stets mit eigenartigen Ideen zurückkehrt. Am Ende habe er dann eine Reihe sonderbarer Entscheidungen getroffen. »Normalerweise fällt so was bei uns ja gar nicht auf«, sagt der Ältere. »Aber als er dann auch noch unseren erfolgreichen MV-tut-gut-Slogan abschaffen wollte, musste der Minister natürlich handeln. Von dem angeblich niemals ausgeliehenen Fahrrad auf Poel mal ganz zu schweigen.«

Wie in Zeitlupe gehe ich aus dem Ministerium. Unfähig, irgendetwas zu denken. Auf der kleinen Treppenmauer sitzt Herr Borchert und isst ein Fischbrötchen. Ich will ihm erzählen, was passiert ist, doch er weiß bereits Bescheid. »Schade«, sagt er, »der neue Slogan hätte mir gefallen. Irgendwie steckt da eine tiefe Wahrheit drin.«

Wir sitzen noch einige Minuten stumm nebeneinander, dann verabschieden wir uns mit einem Händedruck. In Mecklenburg-Vorpommern gibt man sich zu allen Gelegenheiten die Hand. Nicht mehr und nicht weniger. Völlig unbekannte Person? Händedruck. Beerdigung eines nahen Angehörigen? Händedruck. Tagelang mit dem Auto auf einer einsamen Landstraße eingeschneit und kurz vor dem Erfrieren gerettet? Na, und so weiter. »Ach, eins wollte ich Sie die ganze Zeit schon fragen«, sage ich, bevor Herr Borchert geht. »Aus welchem der Orte kommen Sie denn nun eigentlich?« Er scheint nicht zu verstehen. »Na, wo Sie selbst aufgewachsen sind!?«, erkläre ich. »Bonn, warum?«, antwortet Herr Borchert und geht langsam davon. »Manchmal frage ich mich, ob Sie eigentlich wirklich existieren – oder ob ich Sie mir die ganze Zeit nur einbilde«, rufe ich ihm hinterher. Doch er murmelt nur: »Sie haben so einiges noch nicht verstanden, Sie Leuchte des Nordens.«

Als er direkt unter dem Fahnenmast mit der MV-Flagge steht, dreht er sich noch einmal um. Für einen kurzen Moment fürchte ich, dass er vor mir salutieren will. Doch er sagt nur: »Übrigens, Herr Dietrich: Oft sind die Dinge nicht so groß wie sie erscheinen.« Dann verschwindet er endgültig. Aha, denke ich, der kryptische Rat des weisen Gefährten, der ganz am Ende noch einmal alles in einem anderen Licht erscheinen lässt. Er kommt, wie so oft, unnötig spät.

Abfahrt Dummerstorf

Am Landtag leihe ich mir ein nachlässig angeschlosse-
nes E-Bike aus. Es ist über und über mit Schwalben-
kot bedeckt. Wahrscheinlich hat es der Besitzer darunter
nicht mehr gefunden. Ich fahre zurück zum Schloss Wiligrad, um mein Auto von dort abzuholen. Noch einmal
durchquere ich das Land, fahre vorbei an Wäldern und glit-
zernden Seen. In der letzten Zeit habe ich ziemlich viel gelernt. Manche Dinge werde ich nie wieder vergessen. Zum
Beispiel, dass Nandublut im Auto nach vier Wochen in der
Sonne einen ziemlich eigentümlichen Geruch annimmt.

Als ich eine Stunde später die Autobahn an der Abfahrt Dummerstorf bei Rostock verlasse, werde ich langsam aufgeregt. Das ist meine letzte Chance! Entweder ich
finde sie jetzt oder ich werde sie wohl nie wiedersehen.
24 Tage bin ich durch das ganze Land gefahren. Natürlich
kennen wir uns gar nicht. Wir hatten nur 60 Minuten.
Aber ich bin mir sicher: So etwas geschieht nur einmal
im Leben. Und ich spüre, hier und heute geht etwas Be-
deutsames zu Ende. Und etwas Neues beginnt. So oder so.

Ich biege links ab auf die B 103 und folge nach einigen
Minuten der Landstraße in Richtung Göldenitz. Dann

sehe ich schon das große Schild: »Miniland Mecklenburg-Vorpommern«. Auf über vier Hektar Rasenfläche stehen hier fast 60 Modelle von bekannten Bauwerken des Landes im Maßstab 1:25 oder 1:16. Die Modelle sind teilweise aus mehreren Zehntausend Einzelteilen zusammengesetzt. Und natürlich wird hier auch sehr viel mit Pappe, Holz und Leim gearbeitet. Ich laufe suchend über das Gelände. Und tatsächlich: Zwischen dem Rathaus Parchim und Schloss Ludwiglust steht sie und begutachtet die Modelle! Dabei ist sie so sehr in ihre Arbeit vertieft, dass sie mich nicht bemerkt. Ihre Haare glänzen in der Junisonne. Sie ist noch schöner als in meiner Erinnerung.

Hinter ihr lese ich den Werbeslogan des Minilandes: »So klein ist die Welt.« Das ist natürlich Quatsch, logisch wäre doch vielmehr: »So klein ist die Welt *nicht*.« Wäre sie es, bräuchte man ja nicht extra so ein Miniland. Überhaupt frage ich mich, welche tiefere Idee hinter diesem Konzept steht. Wenn es Gebäude aus ganz Deutschland oder aus der ganzen Welt wären oder meinetwegen Bauwerke, die gar nicht mehr existieren, dann würde es mir einleuchten. Aber die Autobahnkirche Kavelstorf zum Beispiel ist nur fünf Minuten von hier entfernt. Wozu brauche ich dafür also ein Modell? Das würde ich sie am liebsten fragen, aber ein einziges Mal behalte ich einen Gedanken für mich und sage nur: »Da bin ich.«

Und so leben wir nun bis zum Ende unserer Tage glücklich an der Ostseeküste im schönen Mecklenburg-Vorpommern.

Außer sie bekommt woanders eine unbefristete Stelle.

Orte

Ahlbeck 181

Ahrenshoop 106

Ankershagen 206

Anklam 119, 184

Baabe 140

Bad Doberan 72

Bad Kleinen 32

Bad Sülze 55

Bansin 181

Barth 117

Barther Bodden 116

Bastorf 58

Bergen auf Rügen 132

Binz 138

Boizenburg an der Elbe . . 239

Boltenhagen 49

Carwitz 209

Crivitz 241

Dierhagen 100

Divitz 129

Dorf Mecklenburg 18

Dummerstorf 250

Feldberg 209

Feldberger Seenlandschaft . 208

Fischland-Darß-Zingst . . 100

Friedland 191

Goldberg 226

Göldenitz 250

Graal-Müritz 97

Granitz 140

Greifswald 167

Güstrow 230

Hanstorf 76

Heiligendamm 63

Heringsdorf 181

Hiddensee 156

Hohe Düne (Rostock) . . . 26

Hohendorf 130

Hohen Wischendorf . . . 46

Horst bei Boizenburg . . . 240

Ilow 50

Ivenack 203

Kamp 182

Karls Erlebnisdorf 189

Kloster 157

Krakow am See 226

Kühlungsborn 62

Kummerow 130

Kyritz-Ruppiner Heide . . 240

Lauterbach 136, 221

Lieps 34

Lobbe 141

Lubmin 174

Ludwigslust 234

Malchow 225

Markgrafenheide 92

Mecklenburgische Seenplatte . 221
Nationalpark Jasmund . . . 148
Nationalpark Müritz 22
Nationalpark Vorpommersche
Boddenlandschaft 108
Neubrandenburg 193
Neuendorf 160
Neustrelitz 211
Parchim 239
Parow 130
Pasewalk 191
Peenemünde 176
Penzlin 205
Plau am See 225
Poel 49
Prerow 110
Prora 143
Putbus 136
Redefin 130, 240
Rerik 55
Reuterstadt Stavenhagen . 202
Ribnitz-Damgarten 94
Riems 172
Rostock 77
Rostocker Heide 92
Rügen 132
Salzhaff (Pepelow) 51
Sassnitz 147

Schwaan 55
Schwerin 241, 243
Sellin 140
Sternberg 226
Stralsund 162
Stuer 228
Sundische Wiesen (Zingst) . 116
Swinemünde 180
Torfbrücke (Rostock) . . . 98
Torgelow 191
Tribsees 227
Trinwillershagen 165
Ueckermünde 192
Usedom 179
Vineta 117
Vitt 151
Vitte 159
Waren (Müritz) 223
Warnemünde (Rostock) . . 89
Wieck auf dem Darß . . . 108
Wiligrad 30
Wismar 41
Wittenburg 227, 239
Wolgast 43, 175
Wustrow 54, 101
Zingst 113

Personen

Adolf Friedrich III. 213

Albers, Hans 233

Albrecht III. 75

Barlach, Ernst 232

Bismarck, Otto von 74

Blücher, Gebhard

Leberecht von 85

Braun, Wernher von 177

Brinckman, John 202

Bülow, Vicco von (Loriot) . 75

Bush, George W. 165

Caffier, Lorenz 23

Diamant, Dora 98

Einstein, Albert . . . 140, 158

Fallada, Hans 209, 218

Friedrich, Caspar

David 68, 149, 169

Friedrich Franz III. 94

Ganz, Bruno 41

Gauck, Joachim 68, 83

Goethe, Johann

Wolfgang von 85

Grams, Wolfgang 33

Grass, Günter 118, 158

Hauptmann, Gerhart 157, 218

Heinrich Borwin I. 212

Herzog, Werner 41

Hogefeld, Birgit 33

Honecker, Erich . . . 165, 230

Hübner, Charly 211

Jagdfeld, Anno August . . 66

Kafka, Franz 97

Kinski, Klaus 41

Kollwitz, Käthe . . . 158, 232

Krenz, Egon 101

Kroos, Toni 206

Langen, Carl-Friedrich von . 130

Lilienthal, Otto 186

Lindemann, Till 32

Lippert, Wolfgang 118

Loeffler, Friedrich 173

Marteria 69

Mayer-Vorfelder, Gerhard . 24

Mecklenburg-Strelitz,

Luise von 213

Mecklenburg-Strelitz,

Sophie Charlotte von . . . 215

Merkel, Angela . . . 141, 165

Molli (Dampflokomotive) . 71

Mubarak, Husni 66

Niklot I. 50

Nikolaus 50

Nikolaus I. 64

Pribislaw 51, 73

Rasender Roland

(Dampflokomotive) 140

Reuter, Fritz 202, 218

Rosenstolz 62, 92

Schill, Ferdinand von . . . 163

Schilling, Peter 177

Schliemann, Heinrich . 68, 206

Schmidt, Helmut 230

Schweighöfer, Matthias . . 186

Schweitzer, Hans Herbert . 55

Schwesig, Manuela 120

Semmelrogge, Martin . 70, 118

Speck, Karsten 71

Störtebeker, Klaus . . 118, 125

Succow, Michael 115

Till Backhaus 68

Tryanowski, Michael
(Akkordeon-Opa) 86

Uecker, Günther 68

Ullrich, Jan 40, 69

Valencia, Saskia 69

Wenzel, Hans-Eckardt . . 182

Werner, Ruth 209

Wussow, Klaus-Jürgen . . . 224

Zappa, Frank 72

Zappa, Gail 72